HISTÓRIA DE ISRAEL

DAS ORIGENS AO PERÍODO ROMANO

Dados Internacionais de Catalogação na Publicação (CIP)
(Câmara Brasileira do Livro, SP, Brasil)

Mazzinghi, Luca
História de Israel das origens ao período romano/
Luca Mazzinghi ; tradução Renato Adriano Pezenti. –
Petrópolis, RJ : Vozes, 2017.

Título original : Storia d'Israele dalle origini al periodo romano

Bibliografia

ISBN 978-85-326-5604-9

1. Bíblia. A.T. – História de fatos bíblicos
2. Judaísmo – História 3. Judeus – História – Até 70
d.C. 4. Palestina – História – Até 70 d.C.
I. Título.

17-08019 CDD-933

Índices para catálogo sistemático:

1. Israel : História antiga 933

LUCA MAZZINGHI

HISTÓRIA DE ISRAEL

DAS ORIGENS AO PERÍODO ROMANO

Tradução de Renato Adriano Pezenti

EDITORA VOZES

Petrópolis

Título do original em italiano: *Storia d'Israele dalle origini al periodo romano*, de Luca Mazzinghi

Direitos de publicação em língua portuguesa – Brasil:
2017, Editora Vozes Ltda.
Rua Frei Luís, 100
25689-900 Petrópolis, RJ
www.vozes.com.br
Brasil

Editoração: Leonardo A.R.T. dos Santos
Diagramação: Sheilandre Desenv. Gráfico
Revisão gráfica: Nilton Braz da Rocha / Nivaldo S. Menezes
Capa: Renan Rivero
Ilustração de capa: ©yoshi0511 | Shutterstock

ISBN 978-85-326-5604-9 (Brasil)
ISBN 978-88-10-41007-3 (Itália)

Editado conforme o novo acordo ortográfico.

Este livro foi composto e impresso pela Editora Vozes Ltda.

SUMÁRIO

PREFÁCIO

Ao ler a Bíblia nos encontramos continuamente em face de nomes de localidades e de personagens frequentemente desconhecidos, de narrações de eventos dos quais ignoramos a importância histórica, o que torna o texto bíblico obscuro e muitas vezes incompreensível. Por outro lado, muitas vezes somos levados a identificar, de modo muito simplista, o relato bíblico com os dados da história real, ou seja, a ler a Bíblia com superficialidade, tendo como pressuposto que cada relato que ela narra deva ser indubitavelmente verdadeiro. Quando se descobre que, na verdade, esta correspondência não é sempre possível, ao contrário, que existe com frequência uma diferença entre aquilo que a Bíblia narra e aquilo que realmente aconteceu, o leitor prova grande desconcerto. O Concílio Vaticano II nos ensinou que a verdade da Bíblia é primordialmente salvífica, aquilo que Deus quis que fosse escrito "para a nossa salvação" (*Dei Verbum*, 11). Por isso, encontramo-nos diante de uma "história sagrada" que relê, interpreta e atualiza os dados históricos reais em vista da mensagem que os diversos autores bíblicos pretendem dar, aquela mensagem que, para o crente, é Palavra de Deus. Uma "história", portanto, que nem sempre é idêntica àquela que estudamos nos livros e que, aliás, com frequência é bastante diversa. Defrontar-se com o estudo da história de Israel é, portanto, necessário como instrumento indispensável, não tanto para demonstrar que "a Bíblia tinha razão" (parafraseando o título de um livro conhecido[1]), e tampouco que estava errada, quanto para

1. KELLER, W. *E a Bíblia tinha razão*. São Paulo: Melhoramentos, 2002 [N.T.].

compreender melhor aquilo que realmente quer comunicar. Desde o início do nosso estudo deve ficar claro que os relatos bíblicos não foram escritos com o objetivo primeiro de "informar" o leitor (ou melhor, o ouvinte – visto que a Bíblia, antes que fosse lida, era ouvida), mas para "formá-lo", para educá-lo à acolhida da Palavra de Deus.

A breve bibliografia – breve ao menos em relação à quantidade dos trabalhos existentes – que se encontra no final deste trabalho mostra como estão disponíveis atualmente histórias de Israel de todos os tipos, mesmo limitando-se a textos escritos e traduzidos em italiano. Desde obras clássicas como a *História de Israel*, de Noth[2], até a detalhada obra de Soggin[3], textos pensados, na maior parte das vezes, para um público de especialistas. Contudo, como "introdução à história de Israel", este pequeno livro é endereçado a um leitor que se defronta com o assunto pela primeira vez e sem preparação específica, um "manual de base" pensado para um primeiro contato com a história de Israel. Por isso, o texto pretende ser o máximo possível simples e claro, renunciando aos ulteriores aprofundamentos necessários. Para estes, remeter-se-á, de quando em quando, à bibliografia disponibilizada nas notas. No entanto, simplicidade e clareza não significam superficialidade e repetição dos lugares-comuns, nem renúncia total a afrontar problemas mais complexos e muito debatidos atualmente, como, por exemplo, a espinhosa questão das origens de Israel. Neste trabalho procurei abordar o estudo dos eventos e os principais temas ligados à história de Israel com a maior seriedade e completude possível, de modo a oferecer ao leitor uma orientação primeira e simples a este respeito. Talvez algum leitor possa decepcionar-se frente a posicionamentos com nuanças mais evidentes, prudentes ou, ao contrário, abertos a dúvidas, mas vale recordar que a história de Israel é um assunto certamente ainda em aberto.

---

2. NOTH, M. *Geschichte Israels*. Göttingen: Vandenhoeck & Ruprecht, 1950 [N.T.].
3. SOGGIN, A. *Storia d'Israele*. Bréscia: Paideia, 1984 [N.T.].

Trata-se, portanto, de uma "introdução" que pretende ser sobretudo um modesto instrumento para compreender melhor a Bíblia. Por isso, penso no leitor que, depois de ter começado a ler a Bíblia, sente a necessidade de um tipo de estudo mais aprofundado, mas que, ao mesmo tempo, esteja a seu alcance. Esse é o motivo pelo qual não economizei contínuas ou mesmo longas citações do texto bíblico[4]. Por este mesmo motivo, visto que tenho em mente um público formado especialmente de leitores cristãos, demorei-me mais longamente sobre a época romana, dado que esta constitui o ambiente histórico no qual se desenvolvem os textos evangélicos. Deste modo, inseri também breves referências ao contexto histórico dos diversos livros do Antigo Testamento, ainda que para cada um deles seja possível fazer referência a obras de introdução mais específicas.

---

4. Todas as citações são tiradas da *Bíblia de Jerusalém*.

PREFÁCIO À SEGUNDA EDIÇÃO

Esta nova edição da minha *História de Israel* é publicada dezesseis anos depois da primeira edição publicada em 1991. Durante todos esses anos, o livro foi reimpresso várias vezes – até 2005 – e amplamente utilizado tanto nas faculdades de Teologia quanto, em particular, nos institutos de Ciências Religiosas, com uma receptividade em geral bastante positiva. Por outro lado, o texto de certa forma está envelhecido, seja pelas novas descobertas (cf., p. ex., a estela de Tel Dan), seja pela publicação de novos estudos, como as importantes obras de M. Liverani, de I. Finkelstein e N.A. Silberman, além ainda da segunda edição (2002) da *História de Israel* de J.A. Soggin, e do notável desenvolvimento dos estudos sobre a real possibilidade de escrever uma "história de Israel"[5]. Na minha primeira edição de 1991 não estavam ausentes nem alguns erros de impressão desnecessários nem tampouco qualquer "pecado da juventude" que me levaram a algumas imprecisões. Confesso que sou indiretamente devedor desta revisão ao Professor Paolo Sacchi. Nossa grande amizade e encontros frequentes me incentivaram a um posterior aprofundamento, além de oferecer uma apresentação sobre o pensamento de Israel à luz do desenvolvimento histórico; uma história das ideias e não apenas dos fatos.

Todavia, a impostação geral do livro não mudou, tenho plena consciência de permanecer na esteira tradicional de tantas "histórias de Israel" que se desenvolvem ao lado do texto bíblico e que, ainda

---

5. Cf. a importante coleção de estudos organizados por L.L. Grabbe, *Can a "History of Israel" be written?* (Londres/Nova York, 2004).

assim, têm a pretensão de serem científicas. Por este motivo, a dimensão crítica não será, de modo algum, descuidada, ainda que a preço de criar qualquer desconcerto aos leitores cristãos, que muitas vezes desconhecem as problemáticas históricas. Por outro lado, tenho em mente um público que cada vez mais se aproxima da história de Israel como instrumento para um conhecimento profundo do texto bíblico dos dois testamentos. Deste modo, espero que a compreensão da absoluta necessidade de um sólido conhecimento histórico se transforme em antídoto contra a tentação muito difundida de compreender o cristianismo, e por vezes a própria figura do Cristo, como uma doutrina teológica e moral que não teria ligações naturais e profundas com a história, e, portanto, também com os seus necessários condicionamentos.

Esta nova edição ganha forma agora também em italiano, sobre a esteira da edição francesa publicada pela Lumen Vitae[6]. Devo à grande cortesia e notável competência de Guy Vanhoomissen o impulso para a reelaboração profunda da edição italiana de 1991 e para a publicação de uma nova edição inteiramente revista (agradeço entre outros aos professores Alexander Rofé e Gherardo Gambelli). Ao Professor Vanhoomissen se deve ainda o glossário que fecha este livro, mas também muitas outras sugestões úteis espalhadas ao longo do texto. A bibliografia foi completamente atualizada, ainda que seja em grande parte em italiano e limitada aos textos mais significativos ou majoritariamente acessíveis a um público mais vasto. A *Edizioni Dehoniane* de Bolonha acolheu a versão italiana deste texto já publicado anteriormente pela Editora Piemme. Contudo, não obstante esta profunda revisão, esta *História de Israel* permanece aquilo que foi desde o início, a saber, um "manual de base" pensado para um público não especialista que busca uma primeira aproximação a um assunto que continua apaixonando.

L.M.

Bivigliano, Província de Florença, dezembro de 2006.

6. MAZZINGHI, L. *Histoire d'Israël*: De origines à la période romaine. Bruxelles/Montréal: Lumen Vitae/Novalis, 2007. Cf. ainda a edição romena: *Istoria Israelului*: De la origini până în perioada romană. Târgu Lăpuş: Galaxia Gutemberg, 2012.

INTRODUÇÃO
A terra da Bíblia

[...] terra boa: terra cheia de ribeiros de água e de fontes profundas que jorram no vale e na montanha; terra de trigo e de cevada, de vinhas, figueiras e romãzeiras, terra de oliveiras, de azeite e de mel; terra onde vais comer pão sem escassez – nela nada te faltará!; –, terra cujas pedras são de ferro e de cujas montanhas extrairás o cobre (Dt 8,7-9).

A história de um povo se desenvolve sempre em um determinado ambiente: conhecer a geografia na qual se colocam os acontecimentos que se quer estudar não é aprender algumas noções mais ou menos eruditas, mas é um meio vital para compreender mais a fundo o povo que viveu naqueles lugares.

A região do Oriente Médio antigo que nos interessa aqui faz parte de uma vasta região comumente chamada "Crescente Fértil", isto é, aquela faixa de terra cultivável que se estende da Mesopotâmia ao Leste, aos montes da Anatólia ao Norte, até o Mar Mediterrâneo a Oeste. Ao Sul se estende uma região completamente desértica, o grande deserto arábico. Atualmente o Crescente Fértil compreende os países do Iraque, Síria, Líbano, Jordânia, Israel e Palestina. O Israel bíblico se encontra à margem meridional desta vasta área geográfica, mas em posição importante, uma ponte para a outra grande região, o Egito.

A terra que foi palco dos acontecimentos bíblicos já recebeu vários nomes ao longo da história: na origem foi chamada "terra de

Canaã", nome encontrado em textos cuneiformes já por volta de fins do terceiro milênio a.C.; no texto de Is 19,18 a língua hebraica é chamada de língua de Canaã. O nome parece ter relação com o manuseio da púrpura, um dos produtos típicos dessa terra. A mesma região, que a Bíblia define simplesmente como "a terra" ou a terra de Israel[7], foi posteriormente chamada pelos romanos de *Palestina*, após a revolta judaica de 135 d.C. O nome *Palestina* recorda um dos povos que antigamente habitava a região, os filisteus.

A terra da Bíblia se estende dos montes do Antilíbano, ao Norte, até o Deserto do Negueb, ao Sul; do Mar Mediterrâneo, ao Oeste, até o Deserto Arábico, ao Leste. A característica mais surpreendente para quem nunca visitou Israel e o conhece apenas por ter lido nos textos bíblicos é que se trata de uma região relativamente pequena, onde as distâncias nunca são excessivas: são apenas 120 quilômetros de Jerusalém a Nazaré, enquanto a largura – do mar ao Jordão – não ultrapassa os 85 quilômetros. A superfície total do atual Estado de Israel e dos territórios palestinos não é superior à da Bélgica.

Um olhar sobre o mapa geográfico permite distinguir quatro faixas bem delimitadas, do Oeste em direção ao Leste: a costa, a zona montanhosa central, o Vale do Jordão e o Planalto da Transjordânia. A costa é completamente plana, à exceção do pico do Monte Carmelo, que forma o único porto natural do país: isto pode explicar o fato de que os israelitas nunca tenham sido um povo de navegadores e de que na Bíblia o mar adquire frequentemente um valor negativo. Sobre a costa passava o "caminho do mar" (cf. Mt 4,15), a grande via comercial que interligava o Egito a Damasco e que, mesmo na Idade Média, será conhecida como *Via Maris*.

---

7. A expressão "terra de Israel", frequente na literatura rabínica, se encontra raramente na Bíblia Hebraica por designar o conjunto de países: 1Sm 13,19; Ez 40,2; 47,18; 1Cr 22,2; 2Cr 2,16.

A região central compreende, de Norte a Sul, a zona montanhosa da Galileia que termina na fértil Planície de Jezrael (ou Esdrelon); em seguida, as colinas da Samaria, com a cidade de Siquém (a atual Nablus) ao centro, e, por fim, a Judeia que chega a mais de 1.000m de altitude na região do Hebron. Ao centro, entre a Samaria e a Judeia, se encontra a cidade de Jerusalém. As montanhas da Judeia terminam no vasto Deserto do Negueb, que constitui a parte meridional do país.

A terceira região é constituída pelo Vale do Jordão, uma fenda natural cortada pelo único verdadeiro rio do país, o Jordão, que nasce nas encostas do Hermon (2.814 metros) e escorre através do Lago de Tiberíades (o Mar da Galileia do qual falam os evangelhos) já a 210 metros abaixo do nível do mar. Depois de um percurso extremamente tortuoso, o rio deságua no Mar Morto, que, como é sabido, é a mais profunda depressão da crosta terrestre (cerca de 400 metros abaixo do nível do mar). O Mar Morto é um grande lago onde a salinidade da água, que é seis vezes superior à do Mar Mediterrâneo, não permite qualquer forma de vida.

A quarta região é constituída pelo Planalto Transjordânico, região muito fértil na parte setentrional (as cidades bíblicas de Galaad e Basã), mas cada vez mais árida e desértica em direção ao Sul. A parte central, ao sul do Rio Jaboc (o rio da luta entre Jacó e Deus, cf. Gn 32), é a região dos amonitas. A sua antiga capital Rabá Amon é a atual cidade de Amã. Mais ao Sul se encontra a terra de Moab e, já quase no deserto, o território de Edom, onde se encontra a célebre cidade de Petra.

Do ponto de vista climático a região da Palestina apresenta apenas duas estações: um verão quente e seco, praticamente sem chuvas, e um inverno frio e chuvoso, que vai do final de outubro ao final de abril: estes são os períodos das "primeiras" chuvas e das chuvas "tardias" das quais a Bíblia fala[8] e sem as quais corre-se o risco de perder as colheitas. É também nesse período que sopra o vento quente do deserto, o *Khamsin*. As regiões mais férteis onde a chuva é mais abundante são as montanhas da Galileia e do norte da Transjordânia. Indo em direção ao Sul e ao Leste o volume das chuvas diminui. A título de exemplo, Jerusalém recebe anualmente a mesma média de chuvas de Roma, cerca de 600 milímetros, enquanto Jericó, apenas 35 quilômetros a leste, recebe somente 120 milímetros. Onde não existiam nascentes, a água era conservada em cisternas que, contudo, não eram suficientes para garantir uma agricultura muito florescente nas regiões mais áridas. Somente em fins do segundo milênio a.C. as técnicas de construção permitiram a fabricação de cisternas impermeáveis, tornando assim possível habitar aquelas regiões onde as chuvas são praticamente ausentes.

Pode-se compreender bem o extremo contraste dessa terra: do clima subtropical do planalto costeiro se passa a um clima tipicamente mediterrâneo da região montanhosa central, para depois descer às regiões semidesérticas do Vale do Jordão e subir novamente, depois de algumas dezenas de quilômetros, às férteis planícies da Jordânia. O problema da água era sem dúvida o mais urgente para os habitantes de Israel: a dependência quase que exclusiva das águas da chuva transformava os frequentes períodos de seca em verdadeiros desastres para a agricultura. Todavia, os estudiosos supõem que o clima palestino no segundo milênio a.C. fosse menos tórrido e mais chuvoso do que o atual.

A grande variedade de zonas geográficas, do deserto à montanha e às planícies férteis, unida à grande variedade de climas, constitui um elemento importante para compreender muitos acontecimentos políticos e sociais de Israel. Ainda hoje a geografia tem sua contribuição na determinação de problemas que afligem esta parte do mundo, por exemplo, o problema vital da água.

---

8. Cf. Dt 11,14; Jr 3,3; Os 6,3; Zc 10,1. Algumas traduções preferem os termos chuvas de outono e de primavera [N.T.].

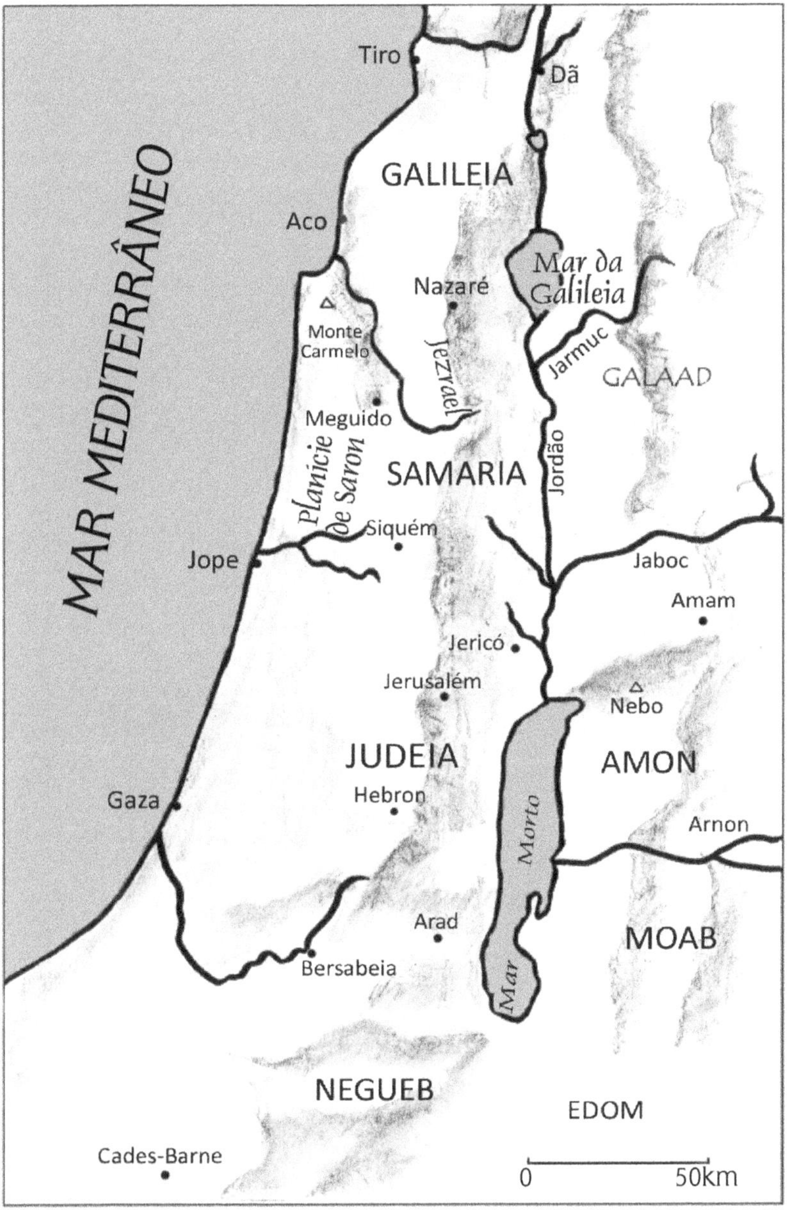

A terra de Israel

1
O PROBLEMA DO MÉTODO

A mim também pareceu conveniente, após acurada investigação de tudo desde o princípio, escrever-te de modo ordenado, ilustre Teófilo, para que verifiques a solidez dos ensinamentos que recebeste (Lc 1,3-4).

Ao defrontar-se com o assunto "História de Israel", o leitor da Bíblia corre o risco de logo sentir-se em embaraço: frequentemente, ele não tem em mente a "história", mas as "histórias" que a Bíblia relata, da criação aos patriarcas, do Rei Davi aos profetas, até as "histórias" a respeito de Jesus; não raramente são episódios que se colocam num cenário muito nebuloso, tanto que às vezes se tem a tentação de pensar que se tratem de fábulas.

Por outro lado, o mesmo leitor desconhece a história, e, pensando sobre a história da Bíblia, o faz de modo banal: este episódio que a Bíblia nos narra aconteceu realmente, sim ou não? E, se a resposta desse leitor for "não", ou mesmo "talvez", toda a Bíblia pode ser colocada em questão por ele.

Neste brevíssimo capítulo o problema da verdade da Bíblia não será aprofundado – verdade que, diga-se de passagem, não é principalmente de ordem histórica (i. é, a Bíblia seria verdadeira por narrar fatos que realmente aconteceram), mas de ordem salvífica (a Bíblia é verdadeira porque tudo o que está nela é verdadeiro em relação à nossa salvação, cf. *Dei Verbum*, 11, como já recordado). Limitar-nos-

-emos aqui a indicar um método que nos permita apontar, espera-se que de modo adequado, os traços fundamentais da história de Israel.

Em 1932 foi publicada na Itália a *Storia di Israele* do Abade Ricciotti[9], que logo se tornou conhecida fora dos limites nacionais. Nessa obra, o autor se limitava a parafrasear com sabedoria o texto bíblico enriquecendo-o, quando possível, com materiais, textos e documentos provenientes do antigo Oriente Médio, dando assim a tranquilizante impressão de que a história de Israel se identificava, de fato, com aquela narrada pela Bíblia. Esta tendência de considerar os textos bíblicos como fundamentalmente históricos e de lhes confirmar com o uso maciço de provas arqueológicas é típica da chamada "escola americana", que se desenvolveu no imediato pós-guerra, sobre a esteira dos estudos do arqueólogo W.F. Albright. A *História de Israel*, de J. Bright, publicada pela primeira vez em 1959[10], é talvez o melhor exemplo desta corrente. Posições parecidas são bem conhecidas ao grande público através de textos como o livro de W. Keller, publicado em primeira edição em 1955 com o título alemão *Und die Bibel hat doch Recht*, conhecido em português como *E a Bíblia tinha razão*, ainda hoje muito difundido.

Nos últimos anos, vêm se desenvolvendo posições muito menos otimistas, como aquelas propostas em alguns livros recentes (G. Garbini, M. Liverani, I. Finkelstein e N.A. Silberman[11]), que minam os fundamentos tidos como seguros pelas escolas precedentes. G. Garbini, por exemplo, escreve: "Os relatos que se encontram na Bíblia Hebraica nada têm de históricos, e é, portanto, inútil buscar nela uma

9. Cf. a bibliografia conclusiva, ao final deste volume.

10. BRIGHT, J. *História de Israel.* São Paulo: Paulus, 2004 [N.T.].

11. FINKELSTEIN, I. & SILBERMAN, N.A. *A Bíblia não tinha razão.* São Paulo: A Girafa, 2003 [N.T.].

"ideia histórica [...]"[12]. O orientalista italiano M. Liverani e o arqueólogo israelita I. Finkelstein falam abertamente a respeito da historicidade de muitos textos bíblicos, de "invenções" e de "produto genial da imaginação humana"[13]. Até mesmo o mais moderado Soggin, autor da importante *Storia di Israele* publicada em 1984, ainda que não partilhando plenamente os posicionamentos de Garbini, afirma, a propósito dos patriarcas, que, mesmo não pretendendo "negar *a priori* a possibilidade que algumas tradições sejam antigas e possam remontar a épocas próximas aos acontecimentos e aos personagens narrados"[14], aquilo que falta ao atual estado das pesquisas é a possibilidade de alguma verificação. Ainda mais drasticamente o mesmo Soggin afirma que "aquilo que sabemos sobre as origens do povo – patriarcas, êxodo, conquista, parecem lendas e o pouco que conseguimos confirmar – contradiz ao invés de concordar com os textos bíblicos"[15]. Contudo, é possível, nota Soggin, certificar aquilo que Israel confessava sobre a própria fé muitos séculos após os fatos narrados.

Todavia, de modo geral, hoje não é mais possível escrever uma história de Israel simplesmente relendo a Bíblia. Para tentar sair deste "beco sem saída" destacaremos agora três pontos importantes.

1.1 O uso das fontes extrabíblicas

Por "fontes extrabíblicas" se entendem todos os documentos escritos (papiros, tabuletas, inscrições...) provenientes de fontes estranhas à Bíblia e, de qualquer modo, relativas à história de Israel.

---

12. GARBINI, G. *Storia e ideologia nell'Israele antico.* Bréscia: Paideia, 1986. Cf. GARBINI, G. *Scrivere la storia di Israele*: Vicende e memorie ebraiche. Bréscia: Paideia, 2008.

13. Cf., a propósito, a minha resenha crítica ao livro de Finkelstein e Silberman: "La Bibbia fra storia e mito. A proposito di un recente libro di Israel Finkelstein e Neil Asher Silberman" (in: *Vivens Homo* 14/1 (2003), 125-140).

14. Cf. SOGGIN, J.A. *Storia di Israele.* 2. ed. Bréscia: Paideia, 2002, p. 86.

15. SOGGIN, J.A. La storiografia israelitica più antica: La storiografia nella Bibbia. In: *Atti della XXVIII Settimana Biblica.* Bolonha, 1986, p. 26.

A partir dos séculos IX-VIII a.C. começamos a encontrar fontes desse gênero que nos informam sobre alguns aspectos da história de Israel. O grande problema para o historiador bíblico é que, antes de tal data, se fala de Israel apenas em dois textos: a estela do Faraó Merneptah, que remonta ao século XIII a.C., e a estela de Mesha, rei de Moab, do século IX a.C.[16]

É fácil concluir que, se não tivéssemos o texto bíblico, conheceríamos muito pouco sobre Israel, ao menos até a época monárquica. Por outro lado, aquilo que conhecemos a partir dos textos bíblicos não é verificável através de outras fontes. Neste sentido, a pergunta que pode surgir espontaneamente é: Por que, então, não confiar simplesmente no que a Bíblia nos diz?

O segundo aspecto que consideramos agora – os dados da arqueologia – nos oferece uma primeira resposta.

1.2 Os dados da arqueologia

Além das fontes escritas, a arqueologia é de grande importância para a história de Israel: ela nos permite reconstruir e, portanto, compreender melhor o ambiente no qual a Bíblia nasce e sobre o qual ela fala. Nem sempre os dados arqueológicos são facilmente interpretados e, com frequência, não é fácil distinguir entre a opinião do arqueólogo e os dados que ele apresenta.

Ocorre ainda que, às vezes, a arqueologia não oferece os resultados esperados: o caso mais conhecido e que mais chama atenção é, sem dúvida, o de Jericó. As suas muralhas, a julgar pelo estado atual das pesquisas, não podem ser, de fato, aquelas derrubadas ao som das trombetas de Josué. Tal resultado pode até parecer escandaloso a quem é habituado a uma leitura superficial da Bíblia, mas, na realidade, é um auxílio para compreendê-la melhor. Muitas vezes os resultados da arqueologia contradizem ou não apoiam o texto bíblico:

---

16. Para estes textos cf. a seguir no item 1.4, p. 24, e no cap. 4, item 4.2, p. 74.

isto nos faz compreender que as coisas são mais complexas do que se possa pensar.

1.3 História e reinterpretação da história na Bíblia

A Bíblia não é um livro caído do céu, escrito por um só autor em uma época bem precisa: cada livro tem uma história de composição – muitas vezes complexa! – que pode ter uma duração de séculos. Isso parece óbvio, mas não pode ser esquecido: se de fato é verdade que as partes mais antigas do Pentateuco podem remontar, na sua forma escrita, a não antes do século VIII a.C., confirma-se, portanto, uma distância de muitos séculos dos fatos narrados[17]. Segundo a cronologia mais tradicional, os patriarcas, por exemplo, eram colocados entre os séculos XVIII-XVII a.C., portanto, nove ou dez séculos antes da confecção dos primeiros textos escritos que falam sobre eles. Um exemplo clássico é Gn 12,6, onde se recorda que os cananeus habitavam o país naquele tempo[18], mas que evidentemente não mais o habitavam quando o texto foi escrito, muitos séculos depois dos fatos narrados. Esta distância entre os fatos narrados e o seu acontecimento torna muitas vezes impossível uma verdadeira reconstrução histórica dos acontecimentos. A isto se acrescente que o autor bíblico relê tais acontecimentos à luz das condições sociais, políticas e religiosas do seu tempo; e mais, ele tem interesse pela mensagem teológica contida em tais acontecimentos, ou pela "Palavra de Deus" que aquele fato representa. Portanto, estamos, diante de textos que se ocupam da história, mas de uma história interpretada, por isso não nos deve espantar o fato de que a interpretação geralmente não corresponda à realidade dos fatos.

17. Não nos ocuparemos dos problemas – muitas vezes complexos – ligados à composição e datação dos textos bíblicos, para os quais se indica a leitura de obras de introdução geral à Bíblia e aos livros bíblicos em particular.

18. Note-se que o texto bíblico insere uma informação ao leitor – "Nesse tempo os cananeus habitavam nesta terra" (Gn 12,6) – comprovando que tanto o escritor quanto o leitor são posteriores aos fatos [N.T.].

1.4 Quando datar o início de uma história de Israel?

Uma última questão: Quando datar o início de uma história de Israel? Até mesmo um leitor principiante deverá saber que o início da história bíblica, o relato da criação contido em Gn 1–11, não é "história", no seu sentido próprio. Por isso, pareceria oportuno iniciar com a etapa seguinte, aquela dos patriarcas, como alguns historiadores de Israel fizeram no passado.

Na verdade, mesmo sobre esse aspecto, existe uma variedade de opiniões: alguns iniciam a história de Israel com o êxodo; outros, ao contrário, com a união das doze tribos e o ingresso em Canaã; outros ainda com o período dos juízes, e, por fim, outros com a monarquia davídica. Esta última posição, que remonta aos estudos de B. Stade, em fins dos anos 1800, é defendida na primeira edição da *Storia di Israele*, de Soggin: "É, de fato, a partir de então que Israel começa a existir como entidade não somente étnica [...], mas também política, enquanto se constitui como Estado"[19]. Algumas histórias recentes de Israel refutam explicitamente qualquer tentativa de reconstruir a fase precedente à monarquia: assim, a importante história de Miller e Hayes conclui o capítulo dedicado às origens de Israel afirmando que "se declina qualquer tentativa de reconstruir a história mais antiga de Israel"; a tratativa inicia com o período imediatamente precedente à monarquia[20]. Na última edição da sua *Storia di Israele*, Soggin, ao contrário, situa os reinados de Davi e de Salomão na parte intitulada "Tradições sobre a pré-história do povo". Para Soggin, de fato, o império de Davi e de Salomão "apresenta mais problemas do que se poderia resolver. As fontes que fazem referência a ele são todas de origem tardia e, portanto, refletem problemáticas de épocas de muitos

19. SOGGIN, J.A. *Storia di Israele*. Bréscia: Paideia, 1984, p. 54.

20. Cf. MILLER, J.M. & HAYES, J.H. *A History of Ancient Israel and Judah*. Londres, 1986, p. 79.

séculos depois, quando o povo, então reduzido somente a Judá, estava passando por experiências muito desgostosas"[21].

Tudo isso serve para fazer entender que as origens de Israel são realmente o ponto mais difícil e o mais discutido da história de Israel. Conforme já acenado, o grande problema que o historiador deve afrontar é a quase total falta de fontes extrabíblicas e de dados sobre o período que precede a monarquia: em geral, a única fonte a nossa disposição é pouco mais que a própria Bíblia, e, às vezes, nem isso. Então, o nosso ponto de partida será um breve panorama sobre o espinhoso problema das origens de Israel, tendo sempre presente que devemos nos confrontar com textos bíblicos aos quais não podemos pedir respostas de natureza puramente histórica. Os autores bíblicos são, com certeza, movidos por um interesse histórico e às vezes ideológico, mas o seu objetivo principal é, antes de tudo, teológico: encontramo-nos diante de uma "história sagrada", para a qual a história de Israel não pode coincidir com uma simples paráfrase dos textos bíblicos, enriquecida com dados histórico-arqueológicos. Os autores antigos não conseguem conceber uma "história" no sentido moderno, onde a apresentação dos fatos seja, o quanto possível, descolada do elemento religioso. Além do mais, para a Bíblia, a partir da obra dos profetas (mais ou menos em torno do século VIII a.C.), um problema adicional é procurar compreender o sentido do agir do Deus de Israel dentro da história.

Cada um destes elementos deverá estar sempre presente caso se queira chegar de algum modo a reconstruir um quadro satisfatório da história de Israel: assim, o leitor da Bíblia poderá colocar aquilo que lê sobre um pano de fundo não abstrato, mas concreto: a história de um povo, Israel.

---

21. SOGGIN, J.A. *Storia di Israele*. Op. cit.

2
AS ORIGENS DE ISRAEL

Meu pai era um arameu errante: ele desceu ao Egito e ali residiu com poucas pessoas; depois tornou-se uma nação grande, forte e numerosa. Os egípcios, porém, nos maltrataram e nos humilharam, impondo-nos uma dura escravidão. Gritamos então a Iahweh, *Deus dos nossos pais, e* Iahweh *ouviu a nossa voz [...]* (Dt 26,5-7).

2.1 Os patriarcas

O Livro do Gênesis apresenta Abraão como um imigrante, proveniente da cidade de Ur, no sul da Mesopotâmia. Quanto à cronologia, ainda há muita discussão, tanto que Abraão foi colocado pelos estudiosos em um arco de tempo que vai do segundo milênio a.C. até a época exílica (séc. IV a.C.). A opinião mais aceita situa-o por volta do século XVIII a.C., no período arqueológico que é definido como "Bronze Médio II" (aproximadamente entre 1900 e 1550 a.C.).

Trata-se de uma época de uma prosperidade discreta para a terra de Canaã[22]: multiplicam-se os assentamentos, particularmente na região costeira, nas colinas de Shefelá, entre os montes da Judeia e o mar, e nos vales do Norte, isto é, nas zonas mais acessíveis e férteis. A população de origem semita vive concentrada em pequenas cidades-Es-

22. Para um panorama da história do antigo Oriente Médio, cf. a interessante e rica obra de M. Liverani, *Antico Oriente*: Storia, Società, Economia (Bari, 1988, esp. p. 661-692, sobre Israel).

tado, que, por sua vez, estão sob o controle político do Egito, o qual, juntamente com o Império Babilônico e os hititas, se constitui uma das grandes potências da época. Os primeiros documentos que falam da terra de Canaã remontam ao início do segundo milênio e são os assim chamados "textos de execração" egípcios, estatuetas de argila que representavam os inimigos feitos prisioneiros sobre as quais vinham escritos os nomes dos próprios inimigos acompanhados de maldições, junto aos nomes das cidades e dos reis que eram controlados pelo Egito. Os cananeus formavam um povo caracteristicamente sedentário, tinham a agricultura como primeira ocupação; os patriarcas, ao contrário, nos são apresentados como seminômades, pastores de gado de pequeno porte e, ocasionalmente, como pequenos agricultores, sem morada fixa. De todo modo, deve-se desmistificar a ideia tradicional que assemelha os patriarcas aos grandes nômades do deserto, como os beduínos que na verdade apareceram no cenário do antigo Oriente Médio muito mais tarde.

Fora dos textos bíblicos, não possuímos outro testemunho da existência dos patriarcas, mas isso não nos deve surpreender considerando-se a parca relevância histórica que estes poderiam ter. Por essa absoluta ausência de dados, alguns historiadores consideram os patriarcas como figuras míticas, invenções de uma época muito mais tardia, como a época exílica.

A situação na qual nos encontramos não nos permite nem mesmo estabelecer a origem dos patriarcas: pensou-se que fizessem parte de grupos semitas imigrados para o Oeste no início do segundo milênio (falou-se de imigrações dos arameus ou dos amorreus), mas a questão está longe de ser resolvida. Uma hipótese bastante sugestiva considerada hoje por muitos estudiosos é a de relacionar as imigrações dos patriarcas àquelas dos assim chamados *hapirus*, grupos apresentados pelos textos egípcios como nômades e foras da lei, que vagavam pelo Oriente Médio por volta da metade do segundo milênio a.C. Todavia, todas as tentativas de identificar estes *hapirus* aos hebreus (*'ibrim*) ainda não foram convincentes. Do mesmo modo, procurou-se identificar os hebreus a um grupo de seminômades de origem semita, os *Shashu*, atestados no Egito entre os séculos XV e XIII a.C., mas estamos ainda no terreno das hipóteses.

Devido à impossibilidade de resolver o problema, procurou-se encontrar alguma correspondência entre as narrativas patriarcais e o período histórico ao qual elas se refeririam (o já mencionado séc. XVIII a.C.). Alguns dos costumes que o Gênesis atribui aos patriarcas poderiam ser relacionados a costumes análogos do início do segundo milênio conhecidos pelos textos encontrados nos arquivos das cidades-Estado de Mari, Nuzi e Ebla, arquivos descobertos recentemente e riquíssimos em textos. A este propósito, citam-se o costume de adotar o filho provindo de uma escrava (como faz Abraão com Ismael), o costume de ter uma escrava como concubina (Abraão e Agar), ou ainda a assim chamada "lei do levirato", que obrigava desposar a esposa do irmão morto sem deixar filhos. Estes e outros costumes relativos ao estilo de vida dos patriarcas, assim como aparecem nos textos bíblicos, podem ter alguma correspondência com os costumes das tribos seminômades que, no início do segundo milênio a.C., viviam no âmbito das cidades-Estado mencionadas anteriormente, ainda que este tipo de paralelismo não ofereça qualquer segurança[23].

Segundo os relatos do Gênesis, a religião dos patriarcas é a mesma que Israel terá depois: a fé em YHWH[24]. Mas outros textos do

23. No que tange o nomadismo e o estio de vida dos patriarcas que são narrados pelos textos bíblicos, cf. as obras clássicas: DE VAUX, R. *Instituições de Israel no Antigo Testamento.* São Paulo: Vida Nova, 2004, p. 15-27. Sobre o debate em torno da questão da historicidade dos relatos patriarcais, cf. COUTURIER, G. *Les Patriarches et l'histoire*: Autour d'une article inédit du pére J.M. Lagrange o.p. Paris/Montreal: Cerf/Fides, 1998.

24. Com YHWH (o tetragrama) indicamos o nome de Deus, muito provavelmente ligado a uma forma do verbo hebraico *hyh* = "ser" e também "tornar-se". Provavelmente a sua pronúncia fosse *Iahweh* e o sentido parece ser "aquele que é", "que existe", ou mesmo aquele que é presente. O hebraísmo sucessivo, assim como o cristianismo primitivo substituiu este nome por *Adonai*, ou ainda "Senhor" (*Kyrios*, em grego). A este propósito veja-se a bibliografia citada na seguinte nota.

Pentateuco sugerem um quadro diferente: o conhecido texto de Ex 3,13-15 considera Moisés como o primeiro a quem foi revelado o nome sagrado, enquanto Ex 6,3 afirma explicitamente que os patriarcas não conheciam YHWH, mas invocavam Deus sob o nome um tanto misterioso de *El Shadday*.

A partir dos anos de 1930 a tese de A. Alt sobre o "Deus dos pais" se desenvolveu: o Deus dos patriarcas, que posteriormente será chamado YHWH, seria um Deus pessoal, o "*Deus de Abraão, Isaque e Jacó*" que no Gênesis recebe nomes como "*o Deus de meu pai*" (Gn 31,5), o "*terror de Isaque*" (Gn 31,42.53), o "*potente de Jacó*" (Gn 49,24). Assim, estamos diante de um Deus familiar, que privilegia a ética antes que o culto.

Não é possível discutir detalhadamente a tese de Alt, ainda que a hipótese do "Deus dos pais" pareça sugestiva. Na verdade, a religião dos patriarcas não parece ser tanto a religião de um grupo histórico pré-mosaico particular quanto, preferencialmente, um modo de conceber Deus difuso desde sempre entre o povo de Israel. Projetando as promessas divinas em retrospectiva, os textos do Gênesis unem a religião fundada sobre as promessas com aquela fundada sobre a Lei[25]. Os patriarcas adoram um Deus que tem o mesmo nome do chefe dos deuses cananeus, *El*, e o veneram em santuários como Betel, Dã, Mambré, Siquém, provavelmente ligados a cultos cananeus. Muito tempo mais tarde, quando os cananeus começam a adorar YHWH como único Deus, eles o identificarão como o mesmo Deus *El*, conhecido pelos patriarcas.

25. A história da religião de Israel é um problema extremamente complexo, particularmente a questão relativa ao nascimento e ao desenvolvimento do javismo. Recordo a recente tradução italiana das obras de LEMAIRE, A. *La nascita del monoteismo*. Bréscia, 2005 (orig. franc.: 2003) e ALBERTZ, R. *Storia della religione dell'Israele antico*. Bréscia, 2005 (orig. alemão: 1992).

Considerando que os dados à disposição são parcos, o historiador não pode dizer muito mais do que isto: a história patriarcal contida em Gn 12–50 é essencialmente uma história de família, apenas três gerações (Abraão, Isaque e Jacó), no espaço de três séculos! De qualquer modo, é claro que nos encontramos diante da simplificação de uma história muito mais complexa.

Contudo, um elemento que não pode ser esquecido é o fato de que o texto bíblico relê e atualiza a história patriarcal. No Livro do Gênesis, o célebre texto de 12,1-4a é, na verdade, muito provavelmente um texto tardio que pretende reler toda a saga de Abraão como encorajamento aos hebreus exilados na Babilônia. Assim, não nos deve escandalizar o fato de que o itinerário que leva Abraão de Ur dos caldeus (povo que no séc. XVIII não mais existia, mas que significativamente estava presente quando o narrador escrevia, no séc. VI a.C.) até a terra de Canaã, é o mesmo que foi percorrido pelos exilados na Babilônia durante o seu retorno à pátria. De certo modo, a história patriarcal adquire, no texto bíblico, um valor simbólico e educativo que vai muito além da história em si.

2.2 Israel no Egito

Como bem se sabe, no Livro do Êxodo é narrada a saída dos israelitas do Egito. O Livro do Gênesis, por sua vez, termina com os capítulos 37–50 (a chamada "história de José") que têm, evidentemente, a função de introduzir a narrativa do êxodo, apresentando a descida dos hebreus ao Egito. À primeira vista, a "história de José" parece apresentar-se como bem-informada em relação ao ambiente egípcio: em Gn 41,43.45 usam-se palavras e nomes egípcios bastante comuns (com exceção da misteriosa palavra *Abrec*[26] do v. 43). A posição assumida por José – "mestre de palácio" ou "grao-vizir" do faraó – não é insólita, visto que no Egito do segundo milênio era possível que um

26. Segundo a Bíblia de Jerusalém, *Abrec* poderia ser explicado pelo egípcio *ib-r-k* que significaria "a ti meu coração" ou "atenção" [N.T.].

estrangeiro se encontrasse em posição de grande poder. Mas a referência histórica mais confiável se encontra em Ex 1,11, onde se lê que os israelitas foram encarregados da construção das cidades de Pitom e Ramsés. Ramsés é uma cidade do Delta do Nilo reconstruída com este nome, provavelmente sob o Faraó Seti I ou sob o seu sucessor Ramsés II, por volta do século XIII a.C. Da mesma época encontramos alguns testemunhos – contidos nas relações das guarnições egípcias de fronteira – relativos ao ingresso no Egito de grupos de pastores provenientes do Oriente Médio, grupos aos quais será concedido o uso de terras egípcias como pastagens para o seu rebanho. O ingresso dos israelitas poderia ser compreendido como este tipo de imigração.

Tudo isso, contudo, nada nos diz sobre a realidade histórica de Gn 37–50. As fontes egípcias nada dizem acerca da vinda de "Israel" ao Egito, e os elementos supramencionados podem, no máximo, fazer concluir que a presença de grupos semitas no Egito ao longo do século XIII seja um fato verossímil. Entre estes grupos poderia, então, estar a "casa de Jacó" à qual Gênesis e Êxodo fazem referência. Portanto, a "história de José" não seria colocada no século XVIII ou XVII, segundo a cronologia tradicional sobre os patriarcas, mas, pelo menos, quatro séculos mais tarde. Em todo caso, o texto de Gn 37–50 não é tanto uma narrativa com pano de fundo histórico, mas, de modo mais acertado, trata-se de uma obra escrita com intenções bem precisas, para colocar em foco as temáticas da fraternidade, da paternidade, do bom governo e, sobretudo, a imagem de um Deus que guia a história revirando por completo as perspectivas humanas (cf., p. ex., Gn 45,5-8 e 50,24). Aquilo que Gn 37–50 nos diz sobre o Egito é, na verdade, aquilo que um escriba hebreu bem-informado da época monárquica podia saber.

Segundo o relato de Ex 1,8, a opressão começou numa troca de dinastia: "um novo rei que não conhecera José". Esta referência poderia ser relativa à acessão ao trono do grande Faraó Ramsés II (1290-1224 a.C., segundo uma das cronologias possíveis) ou, talvez, a passagem da XVIII para a XIX dinastia, que se deu com Seti I, predecessor de Ramsés II.

Todavia, ainda neste caso, as fontes egípcias se calam e a própria tradição bíblica divide-se entre a recordação dos trabalhos forçados (Ex 1,8-14), historicamente mais verossímil, e o decreto do faraó que ordena a morte de todos os filhos homens (Ex 1,15-22). Em Ex 1 a existência de tradições literárias divergentes é evidente.

Tanto os motivos da opressão quanto a sua verdadeira natureza nos escapam. Sabemos, no entanto, que os trabalhos forçados aos quais estrangeiros, prisioneiros de guerra e escravos eram obrigados no Egito são uma realidade bem conhecida pelos historiadores. Temos documentos em papiro que remetem à XIX dinastia referentes ao emprego de escravos e prisioneiros de guerra para os quais a porção diária de alimento era determinada, por exemplo.

No relato do Êxodo, a saída do Egito é entranhadamente ligada ao nome de Moisés. O significado deste nome em si remete mais uma vez ao contexto egípcio, neste caso muito verossímil: *mosis* é um sufixo egípcio que significa "filho de", em geral ligado ao nome de alguma divindade egípcia como por exemplo Tut-mosis = "filho do deus Tut". O texto de Ex 2,10 oferece uma etimologia popular ao nome *Mosheh*, fazendo-o derivar do hebraico *masha*, isto é, "tirar para fora", uma relação óbvia à sua salvação das águas do Nilo. O nascimento de Moisés é narrado segundo um esquema bem conhecido na Antiguidade, um esquema que encontramos na saga de Sargão I, rei de Akab (que viveu em ca. 2334-2280 a.C., embora os textos escritos de que dispomos que narram sua história sejam muito mais recentes). Já no caso de Sargão encontramos um menino (o próprio rei) nascido às escondidas e salvo por sua mãe em um cesto de juncos abandonado no rio e encontrado por um personagem (um carregador de água, na história de Sargão) que salva o menino, destinado a grandes façanhas. Este paralelo provável sugere que foram acrescentadas tradições e releituras posteriores ao núcleo histórico relativo ao personagem Moisés, o que dificulta colocar em foco o real valor histórico dos relatos referentes a este.

De qualquer modo, Moisés aparece como uma figura-chave do Pentateuco, mesmo que seja pouco lembrado no resto da Bíblia Hebraica, ao menos em proporção à importância que ele tem nos primeiros cinco livros da Bíblia, nos quais, ao contrário, além dos acontecimentos concernentes à saída do Egito, Moisés aparece como o fundador do javismo, o mediador entre Deus e o povo, aquele ao qual Deus revelou o seu nome YHWH (cf. Ex 3,13-15), e a quem doou a Lei, a *Torá* (cf. Ex 19–24).

2.3 Êxodo e Sinai

No Livro do Êxodo, o relato da saída do Egito inicia-se com a célebre descrição das pragas, que compreende quase cinco capítulos (Ex 7,14–11,10). Num passado não muito distante, muitos exegetas esforçaram-se por dar às pragas uma explicação científica, procurando relacioná-las a fenômenos naturais mais ou menos comuns no Egito[27]. Este tipo de concordismo já foi definitivamente superado e o motivo está no próprio texto bíblico. No longo relato sobre as pragas emergem, de fato, ao menos três tradições diferentes com inúmeras contradições internas. As pragas são mencionadas em outros dois textos da Bíblia Hebraica, com números diferentes: No Sl 78,43-45 são nove, ao passo que no Sl 105,27-36 são oito. Pode-se, outrossim, perceber facilmente como cada praga é narrada segundo um esquema literário bem preciso que, superando o simples fato histórico, coloca

---

27. Deste modo, p. ex., a primeira praga, a transformação das águas do Nilo em sangue, faria referência ao fenômeno natural que durante as cheias de julho-agosto coloriria de vermelho as águas do rio por conta da presença de um microrganismo chamado *Euglana sanguinea*. A tentativa mais complexa de reconstrução científica neste sentido é o de HORT, G. The Plagues of Egypt. In: *ZAW* 69 (1957), p. 84-103; 70 (1958), p. 48-59, um estudo retomado em muitos comentários posteriores.

em relevo especialmente o valor teológico do "sinal"[28]. No prelúdio ao relato das pragas (Ex 7,1-5), estas são chamadas exatamente de "sinais e prodígios" (v. 3) mediante os quais os egípcios "saberão que eu sou o Senhor" (v. 5). Assim, por detrás dos relatos dos fatos, que, ainda uma vez, não é possível precisar aqui, coloca-se uma intenção teológica muito clara dos narradores, que descobrem naqueles eventos distantes a presença de Deus na história do povo e, sob esta luz, os transmitem ao povo do seu tempo.

A mesma coisa acontece com a travessia do Mar Vermelho (o célebre e belíssimo texto de Ex 14). É necessário, contudo, recordar que o texto de Êxodo não fala, na verdade, de "Mar Vermelho", mas de "Mar das Canas" ou "dos Juncos" que não corresponde ao Mar Vermelho que conhecemos hoje. As tentativas de identificar o ponto exato da travessia dos israelitas se multiplicaram: pensou-se nos Lagos Amargos na zona a leste do Delta, onde hoje passa o Canal de Suez; pensou-se ainda na zona costeira próxima ao Mediterrâneo, uma zona pantanosa que justificaria bem a expressão "Mar das Canas". Mas, mais uma vez, estamos no terreno das hipóteses mais ou menos discutíveis.

A narrativa sacerdotal do Êxodo faz da travessia do mar um cortejo triunfal entre duas muralhas de água (cf. Ex 14,22), enquanto numa tradição paralela, talvez mais antiga, o "milagre" é simplesmente o vento do Oriente que seca a água do mar permitindo a sua travessia (cf. Ex 14,21). Existe pelo menos outra versão deste acontecimento em Ex 14,24-25 que fala simplesmente da fuga dos egípcios, bloqueados pelo Senhor no seu acampamento e impossibilitados de perseguir os israelitas. Para explicar este tipo de contradições, devidas à existência de versões diferentes e com frequência contraditórias, temos a conhecida teoria de R. de Vaux[29], segundo a qual não estaríamos frente a um

---

28. Cf. as chaves de leitura apresentadas por VANHOOMISSEN, G. *Cominciando da Mosè* – Dall'Egito alla Terra Promessa. Bolonha: EDB, 2004, p. 131-140.

29. R. de Vaux, célebre dominicano, biblista e arqueólogo francês morto em 1971, membro da École Biblique de Jerusalém. Foi o diretor da tradução bíblica conhecida por todos como a Bíblia de Jerusalém, publicada na sua primeira edição francesa em 1955 (a última edição é de 1998). Para a teoria do duplo êxodo, cf. as notas de Ex 11,1 e 13,17 na última edição francesa da Bíblia de Jerusalém.

êxodo do Egito, mas a dois: um "êxodo-fuga" e um "êxodo-expulsão". Assim, as saídas do Egito teriam acontecido em tempos e de modos diferentes por pelo menos dois grupos de israelitas: um grupo teria escapado e outro teria sido expulso. Isto resolveria o problema da diversidade de tradições. Cronologicamente falando, tudo isto se colocaria por volta de 1250 a.C., isto é, na época de Ramsés II[30]. Aceitando ou não esta teoria, certamente muito discutida, podemos perceber como as motivações teológicas subjacentes ao texto bíblico têm prevalência sobre a precisão histórica que, em casos como este, será impossível alcançar. As fontes egípcias ignoram este acontecimento (ainda que no *papiro Anastasi V* tenhamos a relação de um oficial da guarda de fronteira que persegue um grupo de escravos que havia escapado), do qual a recordação permanece na memória teológica de Israel e não naquela conservada pelos documentos históricos.

O relato da saída do Egito prossegue com um outro acontecimento-chave nas narrativas do Pentateuco, a chegada ao Monte Sinai (também chamado de Horeb), a aliança com Deus e a entrega da Lei, uma longa seção que vai de Ex 19, passa pelo Livro do Levítico e chega a Nm 10,33, quando os israelitas deixam o Sinai.

Tradicionalmente o Monte Sinai é identificado com o atual Jebel Musa (2.244m de altitude, na parte meridional da Península Sinaítica) onde hoje se encontra o célebre mosteiro greco-ortodoxo de Santa Catarina. Várias vezes, essa identificação foi colocada em dúvida, exatamente como no caso da travessia do mar, e se pensou inclusive

30. Com isto, a teoria de De Vaux ainda explicaria muito bem a diversidade dos itinerários que o texto bíblico atribui aos israelitas em fuga: enquanto em Ex 14,2-9 parece passarem pelo Norte, pela estrada "dos filisteus", na costa mediterrânea, o texto de Ex 13,17 afirma explicitamente que este caminho foi evitado.

nos montes da Arábia[31]. Também neste caso o leitor moderno não poderá satisfazer a sua curiosidade. O texto de Ex 20,1-17 coloca sobre o Monte Sinai/Horeb a tradição do "Decálogo" que o Senhor teria entregado a Moisés. Estudos atuais, contudo, esclareceram que o texto do Decálogo faz parte de uma tradição de época monárquica, e que sua origem é sem dúvida independente da tradição sinaítica (cf. a clara quebra entre o final do cap. 19 e de Ex 20,1).

O período que os israelitas passaram no deserto é calculado pela cifra tradicional de 40 anos (cf. Nm 14,34). Na realidade, trata-se de um período de tempo muito indefinido no qual aquele grupo (ou aqueles grupos, se quisermos aceitar a teoria de De Vaux) de israelitas saídos do Egito assume uma fisionomia mais precisa e começa a existir como povo. Mas tudo isto nos remete a um problema mais complexo, o das origens de Israel como povo e da sua presença na terra de Canaã.

2.4 A instalação em Canaã: o problema das origens

No Museu Egípcio do Cairo a estela do Faraó Merneptah é bem visível, ela foi descoberta pelo arqueólogo inglês Flinders Petrie em 1895 e data, ainda que com certa aproximação, por volta de 1220 a.C. A estela apresenta uma inscrição de 28 linhas com o elenco das vitórias obtidas pelo faraó. Nas linhas 26 e 27 o texto fala da submissão das populações da Ásia: são nomeados os hititas, os cananeus, as cidades de Ascalon, Gezer, Yanoam e se acrescenta – ao menos segundo a interpretação atual – "Israel foi aniquilado, não resta sequer semente"[32].

31. O arqueólogo E. Anati sugeriu a identificação do Sinai com o Har Kharkom, um monte no Deserto do Negueb, próximo ao oásis de Cades, uma das etapas do caminho no deserto: além da fragilidade das provas arqueológicas apresentadas por Anati, continua muito questionável a sua intenção de datar o êxodo no terceiro milênio a.C. Cf. ANATI, E. *Har Kharkom*: Montagna sacra nel deserto dell'Esodo. Milão, 1984.

32. Uma parte do texto da estela está disponível em italiano em: *L'Antico Testamento e le culture del tempo*. Roma: Borla, 1990, p. 151.

Note-se que recentes estudos contribuíram para minimizar as proporções das conquistas do faraó enaltecidas na estela: em termos literários hoje se diria que se trata de uma propaganda. De qualquer modo, trata-se de um texto muito importante, pois, pela primeira vez, a existência de uma entidade chamada "Israel" foi atestada, precedida, segundo o costume egípcio, de um determinativo que não indica uma cidade, mas um "grupo", o que poderia indicar uma população ainda não estabilizada. Geograficamente, Israel foi colocado na estela ao lado das cidades-Estado da terra de Canaã, ainda que não possamos conhecer com exatidão a sua localização.

A versão do ingresso de Israel em Canaã que poderíamos considerar "canônica" é bem conhecida: segundo o Livro de Josué, tratou-se de uma verdadeira conquista militar, uma cidade tomada depois de outra. Segundo o relato bíblico o povo de Israel, após a morte de Moisés e sob a guia de Josué, atravessa o Jordão que miraculosamente interrompe seu fluxo (Js 3,14-17), entrando em Canaã e conquistando todo o país a partir da cidade de Jericó, onde ocorre o célebre prodígio da implosão das muralhas ao som das trombetas (Js 6). Nesta ocasião todas as doze tribos agiram em concordância, como um verdadeiro exército, com o acompanhamento de outros prodígios e milagres. Note-se ainda um outro episódio, o do sol que se detém sobre Gabaon (Js 10,10-15), um texto que durante muito tempo foi tomado ao pé da letra, quase como uma afirmação científica de que o sol gira ao redor da terra[33].

33. Recorde-se a oposição que a Igreja fez à hipótese heliocêntrica de Galileu Galilei (1564-1642), que parecia negar certas supostas verdades bíblicas.

Em contrapartida, o início do Livro dos Juízes apresenta uma versão bastante diferente da conquista: o texto de Jz 1,1-25 mostra as tribos agindo individualmente, uma independente da outra e não todas unidas como no relato do Livro de Josué. Além disso, em Jz 3,1-6 há um longo elenco das populações locais que Israel *não* teria expulsado da terra. No fundo, a "conquista" teria se limitado a algumas zonas pouco povoadas, enquanto as cidades-Estado mais potentes das planícies teriam permanecido intactas:

> *E* Iahweh *esteve com Judá, o qual se tornou o senhor da Montanha, mas não expulsou os habitantes da planície porque tinham carros de ferro* (Jz 1,19).

O início do capítulo 2 do Livro dos Juízes lê a impossibilidade da conquista em chave teológica: Israel não ouviu a voz de Deus, por isso Deus não expulsou todos os povos de Canaã das suas terras (Jz 2,1-5). Por fim, é interessante perceber como, em pelo menos um caso, o mesmo Livro de Josué testemunhe que a conquista se deu de modo pacífico (cf. Js 8,30-35, a propósito da tomada de Siquém). No que tange às tribos, o Livro dos Juízes dá a entender que eram bastante distantes (o antigo "cântico de Débora" em Jz 5 cita apenas seis). Benjamim, além de excluída, é apresentada como inimiga das outras tribos (Jz 19–21), enquanto as tribos da Transjordânia (Gad e Manassés) e as do Sul (Judá) aparecem como completamente autônomas em relação às outras.

Portanto, o texto bíblico nos apresenta um contraste evidente entre a descrição de uma conquista unitária e militar do país (Js) e uma conquista mais lenta e fragmentária (Jz). Este é um dos entraves com o qual o historiador deve se defrontar se quiser dar uma resposta plausível à questão das origens de Israel. Trata-se de uma questão que foi muito estudada nestes últimos anos, dando origem a diversas teorias. De imediato, devemos confessar que uma solução que seja aceita por todos está ainda longe de ser apresentada e que a discussão continua aberta.

1) Aparentemente a solução mais óbvia seria aceitar o relato do Livro de Josué, ou seja, Israel entra em Canaã como uma união de

tribos provenientes do Egito e conquista militarmente o país[34]. A principal objeção a esta posição vem dos resultados da arqueologia: sabe-se com segurança que diversas cidades que Josué teria destruído por volta de 1250-1200 estão em ruínas, mas é igualmente verdade que os motivos desta ruína podem remontar a incursões filisteias, a campanhas militares dos egípcios, relativamente frequentes, ou ainda a causas naturais como incêndios ou terremotos. Além disso, algumas das cidades que Josué teria conquistado e destruído eram completamente desabitadas naquele período: é o caso de Arad e Ai, e o caso ainda mais conhecido de Jericó.

Esta última é um exemplo muito instrutivo: uma série de escavações feitas neste lugar entre 1930 e 1936 fez pensar – com grande entusiasmo entre os arqueólogos – que se teria encontrado as ruínas da muralha que implodira ao som das trombetas israelitas. Sucessivas escavações, vinte anos depois, demonstram que tais muralhas, bem visíveis ainda hoje, na verdade remontam ao período do Bronze Antigo, ou seja, a mais de um milênio antes da datação usual da conquista. Por volta de 1250-1200 a.C. a cidade estava simplesmente abandonada, ao menos pelo que se sabe no estado atual das pesquisas. Não existem rastros das muralhas e nem de sua eventual destruição[35].

É evidente que bastam esses dados arqueológicos para colocar em crise a teoria referente a uma conquista militar. Por vezes os defensores desta teoria se refugiam em afirmações de que os restos da Jericó de Josué teriam sido dizimados pela erosão, algo que é naturalmente improvável. Na base da narrativa da conquista de Jericó conforme nos reporta Js 6, é necessário ler um relato cultual que transforma um episódio de conquista em um ato litúrgico, um gesto sagrado celebrado pelos sacerdotes. Além disso, a intenção do Livro de Josué não é historiográfica, mas teológica, isto é, pretende exortar os israelitas

34. A teoria da invasão militar é defendida em particular por aquela que possamos chamar de "escola americana", a partir das escavações de W.F. Albright (1920-1930) (cf. o que foi apresentado anteriormente à p. 20).

35. Cf. o excelente dossiê "Gerico" publicado em *Il mondo della Bibbia*, 18 (1993).

para que tenham confiança em YHWH e para que observem a sua lei (cf. o que Deus pede a Josué em Js 1,1-9).

2) Uma vez falida a tentativa de justificar historicamente a visão da conquista conforme Josué a apresenta, tratou-se de elaborar um modelo diferente que parte da ideia de uma infiltração gradual e pacífica por parte de grupos particulares de israelitas, pelo menos na fase inicial[36]. "Israel" seria, portanto, constituído de uma série de tribos seminômades que, no início da Idade do Ferro (1200-1150 a.C.), teriam se instalado primeiramente de modo pacífico e em seguida também com o uso da força sobre as montanhas da região central, ou seja, nas regiões menos populosas.

A tentativa de acordar esta teoria com a precedente, mais uma vez presidida por R. de Vaux, fala de "assentamento", procurando mostrar como a instalação dos israelitas em Canaã teria acontecido em parte de modo gradual (certos *enclaves* cananeus teriam existido, por fim, até o período de Davi) e pacífico, pelo menos nos primeiros tempos, para, posteriormente conhecer lutas durante o período dos juízes.

3) Nas décadas de 1960 e 1970 tentou-se um outro caminho, uma tentativa de explicação de um ponto de vista sociológico. Dois autores (G.E. Mendenhall e N.K. Gottwald) propuseram uma visão completamente nova sobre o nascimento de Israel. Nenhuma conquista teria se dado, nem mesmo alguma invasão ou assentamento: Israel sempre teria estado em Canaã e teria se formado como povo somente depois da revolta das classes camponesas contra o poder das cidades-Estado cananeias. Sob o influxo de grupos levitas provenientes do Egito teria se desenvolvido também o culto a YHWH, que estes grupos teriam experimentado no deserto.

---

36. A teoria surgiu em contexto alemão com os estudos de A. Alt no fim dos anos de 1930, estudos estes retomados posteriormente por M. Noth (†1938). Noth elaborou a ideia de uma "liga das doze tribos" (chamada por ele com o termo grego de *anfizonia*). Segundo ele, Israel teria nascido da união das doze tribos em torno de um único lugar de culto, escolhido pela presença da Arca da Aliança. Ainda que a teoria, sem dúvida sugestiva, tenha encontrado inicialmente muitos adeptos, ela foi sucessivamente colocada em discussão: em particular, não existem provas certas relativas à existência de doze tribos unidas em uma similar liga sagrada.

A ideia de uma revolta camponesa esclarece por qual motivo esta teoria obteve boa adesão na época em que apareceu. Infelizmente, trata-se de um pressuposto que até agora não foi confirmado por provas suficientes que, todavia, têm a vantagem de sublinhar o aspecto social das origens de Israel, pouco considerado até então. Além disso, segundo esta teoria, não teria havido uma chegada de Israel "de fora". Os israelitas nascem dentro da própria terra de Canaã. Mas, sobre este ponto, devemos refletir à luz de uma teoria ainda mais recente.

4) Mas qual a solução, então? Honestamente deve-se admitir que uma resposta certa ainda não foi dada. Conforme já foi apresentado, sobre as bases daquilo que se conhece atualmente, pode-se chegar apenas a conclusões prováveis que agora procuraremos expor à luz de uma teoria acolhida por muitos estudiosos.

No final da Idade do Bronze, entre 1400 e 1200 a.C. aproximadamente, a terra de Canaã era habitada por uma população de origem semita (os próprios cananeus), reunidos, como se viu, em cidades-Estado controladas pelo Egito. Em tal período estas cidades atravessam um momento de crise. De modo aproximativo, os arqueólogos calculam que a população de Canaã tenha diminuído no Bronze Tardio para somente 60 a 70 mil habitantes dos cerca de 140 mil do Médio Bronze. Estas cifras tão baixas não nos devem espantar: somente as sucessivas inovações técnicas e a introdução do ferro significarão de fato uma melhoria da agricultura e um crescimento populacional mesmo em regiões desabitadas até então.

Assim, estamos diante de uma espécie de "colapso" do qual ainda não conhecemos as causas. Muitas localidades encontram-se abandonadas, outras destruídas e, entre estas, as cidades de Betel, Debir, Laquis, Meguido, Hazor, localidades recordadas no Livro de Josué. Além disso, no início da Idade do Ferro percebe-se um rápido incremento populacional, com um aumento dos assentamentos, em particular nas regiões montanhosas centrais já mencionadas, as mais despovoadas até então. Em parte, isto se pode explicar com a introdução do uso do ferro que permitiu o desmatamento das zonas de colinas e o uso de terraceamento. Portanto, temos indícios de que, entre a Idade do Bronze e a Idade do Ferro I, ou seja, por volta de 1200 a.C., o período tradicional da "conquista", passa-se de um período de crise na terra de Canaã para um período de maior prosperidade e de novos assentamentos: cerca de 250 novas pequenas comunidades rurais não fortificadas nas regiões montanhosas de Canaã, atestando a existência de uma população agropastoril, organizada não como as cidades-Estado, mas sobre bases étnico-tribais. Entre estes novos assentamentos poderíamos identificar o dos israelitas[37].

Se a presença dos israelitas nesse período parece no mínimo verossímil, resta ainda o dilema sobre a sua proveniência. Um problema importante se constitui do fato de que estes novos assentamentos não revelam a presença de uma nova população: os habitantes destas localidades não parecem diferenciar-se das populações locais cananeias nem pela técnica de construção ou de agricultura usadas, nem pela cerâmica e tampouco pela cultura de modo geral. A única explicação para este problema seria a de que entre os israelitas e as populações cananeias não existissem diferenças *étnicas*. Israel não teria suplantado, como que de chofre, as outras populações cananeias, também estas de origem semita, mas teria gradualmente se distanciado das mesmas, diferenciando-se delas sobretudo no campo religioso. Se isto fosse verdade os israelitas seriam o produto – e não a causa – do colapso das cidades-Estado cananeias.

Todavia, neste sentido podem-se observar notáveis parentelas entre os israelitas e as outras populações cananeias. Por exemplo, o deus El, adorado pelos patriarcas (cf. Gn 33,20), tem o mesmo nome do chefe dos deuses dos cananeus. Levando ao máximo as consequências de afirmações do gênero, chega-se hoje à tese de um "Israel cananeu"[38].

---

37. Ou dos "protoisraelitas", cf. LIVERANI, M. *Oltre la Bibbia*: Storia antica di Israele. Bari: Laterza, 2003, p. 58-87, esp. pela descrição destes assentamentos.

38. A este propósito cf. ARATA MANTOVANI, P. La conquista di Israele. In: *Rivista Biblica Italiana*, n. 36, p. 47-60, 1988. "Israel, como entidade religiosa distinta dos seus arredores, não emerge antes da época persa e é, na verdade, dificilmente perceptível antes da época helenística" (p. 58). Esta afirmação, se pudesse encontrar algum apoio sobre um argumento rigidamente arqueológico, parece uma proclamação de princípio que não leva em consideração a tradição bíblica que certamente remete para antes da época persa.

Somente depois de muito tempo YHWH se imporá a Baal, um dos deuses mais importantes do país de Canaã (recorde-se o desafio de Elias contra os sacerdotes de Baal narrado em 1Rs 18), um processo que finalmente se completará em época exílica (séc. VI a.C.).

Portanto, aquilo que nós denominamos "conquista" deve ser reconsiderado como um processo muito mais complexo do que os livros bíblicos, tanto o Livro de Josué quanto o Livro dos Juízes, releram sucessivamente à luz da sua peculiar visão religiosa. Hoje, por exemplo, compreende-se que a concepção relativa à existência das doze tribos unidas tenha nascido apenas depois da instituição da monarquia. O Livro de Josué conservou e ampliou uma tradição militar que deve ter sido mínima, enquanto a versão do Livro dos Juízes parece historicamente mais verossímil: os grupos tribais em si vivem separados entre si e se unem por razões de defesa ou com base numa fé religiosa comum.

Entre as várias teorias propostas, e sobre esta última em particular, a contradição existente entre alguns elementos permanece sem solução: a consciência bíblica de um Israel "estrangeiro" (a permanência no Egito e o caminho no deserto) que dificilmente se concilia com a teoria da revolta das classes agrícolas; a presença do influxo cananeu (poder-se-ia falar mais precisamente de uma identidade étnica cananeia); o surgimento de uma forma de monoteísmo muito diferente da religião cananeia; os dados da arqueologia, muitas vezes contraditórios entre si. O problema permanece aberto mais do que nunca. O único elemento que hoje goza de maior unanimidade parece ser a rejeição da visão tradicional da "conquista", pelo menos a visão narrada por Josué que, de qualquer modo, tende mais ao gênero épico do que à história.

Tudo isso nos induz a reavaliar, ao menos parcialmente, o relato de Juízes e a ver as origens de Israel como um fenômeno lento e complexo do qual não podemos excluir, mesmo que em escala reduzida, alguma ação militar, infiltrações graduais, parentela estreita entre "israelitas" e "cananeus". Por fim, estas considerações têm grande importância com relação ao nosso modo de ler os relatos bíblicos não como crônica dos fatos, mas como aquilo que Israel pensava teologicamente e mesmo politicamente sobre estes eventos.

2.5 A caminho da monarquia: os juízes

> *Neste tempo não havia rei em Israel, e cada qual fazia o que lhe parecia correto* (Jz 17,6).

Assim o Livro dos Juízes apresenta o período subsequente ao ingresso em Canaã, período conhecido como "dos juízes". Tradicionalmente este é compreendido como estendendo-se mais ou menos entre 1200 e 1050 a.C.

A palavra "juízes" não deve ser compreendida em relação a um juiz de tribunal, e tampouco com um líder carismático, um chefe militar com poderes precisos nos momentos de necessidade. O "juiz" tem alguma relação com os magistrados fenícios que em Cartago eram chamados de *suffeti*. Em hebraico, inclusive, "juiz" se diz *shophet* do verbo *shaphat* que indica tanto "exercitar o poder" quanto "julgar" no sentido jurídico. O texto bíblico recorda doze destes juízes, um número claramente simbólico: os nomes de Gedeão e Sansão de quem os feitos ocupam grande parte do Livro dos Juízes são bem conhecidos (Gedeão: Jz 6,1–8,35; Sansão: 13,1–16,31).

Neste período, as tribos de Israel são apresentadas sem laços entre si[39] e rodeadas de populações hostis. O Livro dos Juízes interpreta em chave teológica as guerras ou qualquer pequena incursão militar entre as tribos. A história de Gedeão inicia com uma afirmação que funciona como uma espécie de estribilho no Livro dos Juízes:

> *Os filhos de Israel fizeram o que era mau aos olhos de* Iahweh, *e* Iahweh *os entregou por sete anos às mãos dos madianitas* (Jz 6,1).

39. Cf. o que foi dito no parágrafo anterior.

O chamado de Gedeão e a sua campanha militar vitoriosa são sinal da salvação que Deus, não obstante tudo, continua a oferecer ao povo, servindo-se de um homem escolhido a propósito e chamado juiz, justamente:

> *Quando* Iahweh *lhes suscitava juízes,* Iahweh *estava com o juiz e os salvava das mãos dos seus inimigos enquanto vivia o juiz, portanto* Iahweh *se comovia por causa dos seus gemidos perante os seus perseguidores e opressores* (Jz 2,18).

Cada juiz, portanto, é um personagem animado pelo Espírito do Senhor, enviado por Deus a libertar o seu povo, segundo um esquema teológico e não histórico bem preciso, que lança luzes sobre a clara finalidade do autor. Além de combater inimigos materiais, os juízes são apresentados também como os que combatiam os cultos cananeus, cultos agrícolas ligados à fertilidade. Quem leu o Livro dos Juízes se recordará como são denominados os deuses de Canaã, Baal e Ashera, e os lugares de culto ligados aos "postes sagrados" e às colinas sagradas, os "lugares altos". Deve-se perguntar até que ponto esta polêmica anti-idolátrica vem a ser realmente um eco do tempo dos juízes ou mais provavelmente uma projeção no passado de problemas muito mais vivos no tempo no qual o Livro dos Juízes foi escrito.

De um ponto de vista social, a base da sociedade daquele tempo parece ser a família a *bet-'ab*, em hebraico a "casa do pai", compreendida como família patriarcal, composta pelo avô, os filhos e os netos, todos por sua vez com as respectivas famílias, à qual se deve acrescentar ainda outros parentes próximos e os servos. Esta família ampliada, unida a outras famílias, com frequência vinculadas por parentesco entre si, forma um *clã* que poderia corresponder aproximativamente a uma vila inteira. Os clãs que viviam em um determinado território, ligados entre si por tradições comuns, se consideram uma "tribo", isto é, uma entidade independente, ligada apenas ocasionalmente a outras tribos, como já foi acenado, em geral por motivos religiosos (peregrinações a um único santuário) ou militares (defesa contra um inimigo comum). As tribos que se encontravam reunidas pela fé em um único Deus, YHWH, além dos laços étnicos, econômicos e políticos, formarão aquilo que em seguida se tornará o povo de Israel.

Para além das tradições populares referentes a personagens como Gedeão e Sansão, resta, do período dos juízes, a imagem de um Israel em fase de sedentarização, ainda não muito unido como um só povo e assentado somente em algumas regiões do país de Canaã. As batalhas, tão presentes nos livros dos Juízes e de Josué, conservam a memória das tensões com as populações locais e fronteiriças, verossimilmente degeneradas por desencontros de grande importância que, como veremos, levarão as tribos a se unirem e serão uma das causas principais do nascimento da monarquia.

3
OS INÍCIOS DA MONARQUIA

Encontrei o meu servo Davi,
E o ungi com meu óleo santo;
É a ele que minha mão estabeleceu
E meu braço ainda mais o fortificou
(Sl 89,21-22).

3.1 Saul: o povo escolhe um rei para si

A principal causa que levou Israel a constituir para si uma monarquia, em analogia a outros povos do antigo Oriente Médio, é sem dúvida motivada por um estímulo externo, facilmente identificável na pressão exercida pelos filisteus. Este povo começou a ser conhecido mais a fundo a pouco tempo; provavelmente de origem indo-europeia, chegou à região do Mediterrâneo Oriental no início da Idade do Ferro, proveniente do Egeu, com parte da população conhecida como "povos do mar"[40], que tentou, aparentemente sem sucesso, invadir o Egito durante o reinado de Ramsés III (ca. 1190 a.C.).

---

40. Por volta dos anos 1190 a.C. vestígios arqueológicos sugerem uma migração muito significativa das populações da região do Mar Egeu em direção ao Egito, Síria, Palestina e Anatólia. Este fluxo migratório é conhecido como a "invasão dos povos do mar". Há vestígios de uma provável presença destes povos na região do Delta do Nilo. Os indícios baseiam-se especialmente nas técnicas de coloração da cerâmica (bicromada, técnica não dominada nesta região até então) que se assemelham às encontradas na região da atual Faixa de Gaza. Esta migração teria levado ao colapso grandes populações como o próprio Império Hitita [N.T.].

Os filisteus se estabeleceram na faixa costeira que se encontra ao sul da atual Tel Aviv, a assim chamada Pentápolis filisteia, isto é, as cinco cidades de Ascalon, Gat, Ekron, Ashdod e Gaza (Js 13,3). A influência filisteia era muito mais relevante do que as dimensões do território ocupado possam sugerir. A presença dos filisteus é documentada desde as colinas da Judeia até a Galileia; assentamentos filisteus foram encontrados até mesmo para além do Jordão. A própria Bíblia recorda a superioridade militar dos filisteus: 1Sm 13,19-22 noticia como estes detinham o monopólio do ferro, o que lhes garantia uma óbvia posição de vantagem não apenas em sentido militar (frente a soldados munidos ainda de armas de bronze), mas também em sentido econômico[41]. A pressão militar filisteia é, por fim, bastante compreensível: trata-se de uma população recém-chegada e, portanto, em fase de expansão, em conflito com as populações locais, dentre as quais os israelitas. Bem conhecidos pela Bíblia, os filisteus se tornarão os inimigos de Israel por excelência, ao menos durante toda a primeira parte da época monárquica.

O texto bíblico de 1Sm 4 introduz a série de acontecimentos que levarão ao nascimento da monarquia com uma derrota interpretada pelo próprio texto como uma catástrofe nacional: a rápida derrota dos israelitas pelos filisteus perto da localidade de Afec, não distante da atual Tel Aviv. O sinal mais trágico desta derrota foi a tomada da Arca da Aliança, símbolo da presença do Deus de Israel. Para além do possível valor histórico deste episódio – particularmente o próprio fato da existência da Arca da Aliança – o relato da

41. A introdução do ferro no contexto do Oriente Médio antigo é um dos principais fatores da mutação política e econômica que caracterizou o séc. XII. Sobre a importância desta inovação tecnológica que caracteriza boa parte do Oriente Médio antigo e não apenas os filisteus ou os "povos do mar", cf. LIVERANI, M. *Antico Oriente*. Op. cit., p. 643-645. Sobre os filisteus, cf. GARBINI, G. *I Filistei*. Bréscia: Paideia, 2012.

Batalha de Afec é visto como um dos indícios que mostram como a monarquia israelita possa ter nascido após uma situação política de extrema dificuldade. De fato, logo depois da Batalha de Afec, o texto bíblico introduz o personagem Saul, da tribo de Benjamim. De um lado, ele é visto como a continuação daqueles líderes carismáticos dos quais se falou a propósito da época dos juízes. Saul foi escolhido por um profeta, Samuel, e foi considerado como o consagrado por Deus (cf. 1Sm 10,1). A propósito, a presença de Samuel é significativa: o rei tem necessidade de ser legitimado pelo profeta que por sua vez é apresentado pelo texto bíblico quase que como o último dos juízes. Mas ao mesmo tempo Saul aparece como o primeiro rei de Israel, e sua autoridade é reforçada por uma série de vitórias que consegue alcançar contra os filisteus e os amonitas (cf. os episódios narrados em 1Sm 11 e 13–14).

Conhecemos muito pouco sobre Saul: na verdade, nada além do que o próprio texto bíblico nos refere, com absoluta falta de outras fontes a nossa disposição. O problemático texto de 1Sm 13,1 nos faz compreender que se tratou de um reinado brevíssimo, talvez nem mesmo de dois anos. Em comparação aos reinos sucessivos, o reino de Saul não pode sequer ser considerado verdadeiramente como tal: não existe uma capital, um governo, nem exército profissional propriamente dito, mas, sobretudo, não há qualquer organização estatal mínima. Além disso, o território reduz-se a pequena região central montanhosa entre a Judeia e a Samaria.

A primeira batalha verdadeira contra os filisteus, um combate sobre os montes de Gelboé, entre a Samaria e a Galileia, datável por volta do ano 1010 a.C., narra o fim de Saul. O texto bíblico a antecipa com chave teológica. No relato de 1Sm 28, o espírito do Senhor aparece a Saul, que o invocara através de uma necromante que lhe prediz sua ruína:

> Iahweh *entregará, juntamente contigo, o teu povo Israel nas mãos dos filisteus. Amanhã, tu e teus filhos estareis comigo* (1Sm 28,19).

Portanto, o centro da atenção não é tanto o dado histórico quanto, na verdade, o teológico. O motivo da rejeição de Saul é visto já em 1Sm 15 como sendo o seu pecado: o fato de renegar-se a reconhecer a autoridade do Senhor e a do Profeta Samuel. É importante perceber como na história de Saul aparecem alguns textos explicitamente antimonárquicos, o que sugere a existência de correntes hostis à monarquia dentro da própria Bíblia. Ocupar-nos-emos deste aspecto ao final deste capítulo.

A história de Saul, assim como lemos hoje no texto bíblico, apresenta-se orientada pela história de Davi e é fruto de reflexões posteriores. Saul é o rei mau, apresentado quase que como um homem atormentado por transtornos mentais que ameaça a vida de seu jovem e valoroso escudeiro Davi, de quem tem um ciúme descompensado:

> mas tudo isso não é historiografia, é romance histórico, tragédia literária. O pouco que é historicamente aceitável mostra um Saul bastante diferente: o comandante que, com poucas e bem conduzidas operações militares, parece ter conseguido expulsar em primeiro lugar a ameaça amonita a Leste, e depois a libertar a planície da ocupação filisteia e a neutralizar as populações inimigas ali residentes[42].

A oposição entre Saul e Davi, fortemente teologizada pelo redator do Primeiro Livro de Samuel, exprime o contraste entre o escolhido de Deus, Davi, e o seu antagonista. Historicamente esse contraste se insere nas óbvias tensões e choques desencadeados ao redor de Saul logo após a sua morte para herdar a sucessão.

3.2 Davi (1010-970 a.C.)

Davi é uma das figuras centrais do Antigo Testamento, apresentado como o personagem em torno do qual nasce Israel como nação. O nome "Davi" que significa – ao que parece – o "predileto", ocorre

---

42. SOGGIN, J.A. *Storia di Israele*. Op. cit., p. 201.

1.085 vezes somente na Bíblia Hebraica[43], atrás apenas de outros dois nomes próprios: significativamente YHWH e Israel. Em 1993 foi descoberta em Tel Dan, no norte de Israel, uma estela em aramaico que apresenta uma inscrição atribuída a Hazael, rei de Damasco (cf. 1Rs 19,15), e datável por volta do ano 853 a.C. Nesta, Hazael se vangloria de ter assassinado reis da "casa de Davi". Esse texto bastante discutido poderia ser, talvez, a primeira confirmação histórica da existência de Davi, fora dos textos bíblicos, recordado aqui pouco mais de um século depois de sua morte.

Ao contrário do grande espaço que Davi ocupa no texto bíblico, no Antigo, mas também no Novo Testamento, as fontes extrabíblicas e a arqueologia se calam. Mais uma vez, se não tivéssemos o texto bíblico à disposição, saberíamos muito pouco sobre Davi. Na Bíblia podemos ler dois ciclos importantes de narrações sobre ele: a assim chamada "história da ascensão de Davi ao trono" (1Sm 16–2Sm 4) e a "história da sucessão ao trono de Davi" (2Sm 9–1Rs 2)[44]. A primeira coleção de textos narra como Davi conseguiu tornar-se rei através do conflito com Saul, até a morte deste em batalha contra os filisteus. A segunda coleção de textos centra-se sobre a revolta do filho Absalão e, na parte final, sobre as intrigas que levam o outro filho, Salomão, ao poder. Entre estas duas séries de relatos encontra-se uma seção menor com histórias ligadas à Arca da Aliança (em particular 2Sm 6), e em 2Sm 7 a conhecida profecia que Natã faz a Davi concernente ao futuro da dinastia davídica. Estes capítulos são como que pequenos romances históricos que, todavia, incorporam elementos provenientes provavelmente de anais e arquivos reais e, sob este ponto de vista, se constituem como um texto de verdadeira propaganda política. Por várias vezes se percebe o interesse teológico do redator, interesse ainda

43. Por *Bíblia Hebraica* se entende a parte do Antigo Testamento escrita em hebraico que forma o cânon das Escrituras sagradas do hebraísmo. A Igreja Católica acrescenta outros textos a este cânon do Antigo Testamento, escritos na sua maior parte em grego, conhecidos como "deuterocanônicos". Cf. mais adiante, no cap. 7, a nota 98.

44. A existência de certa "história da sucessão" é muito discutida hoje. Pode-se pensar na unidade narrativa de 2Sm 10–20 como sendo uma história de "biografia teológica" relativa à história do Rei Davi e das consequências do seu pecado (2Sm 11–12).

mais evidente na história de Davi contida em 1Cr 10–29, um texto mais tardio, composto em época pós-exílica. É interessante ver como nos relatos de 1Sm e 2Sm a figura de Davi não é de modo algum idealizada, os seus defeitos e as suas culpas são narrados com grande clareza (p. ex. a história de Betsabeia em 2Sm 11–12 e o relato do recenseamento em 2Sm 24), sem que exista alguma exaltação do personagem.

Quando Davi ascende ao trono, a situação histórica coincide com um enfraquecimento do Egito, a partir do fim do reino de Ramsés III (1206-1175 a.C.), enquanto o Império Assírio ainda está longe de alcançar a sua potência máxima. Assim, o contexto se apresenta favorável ao nascimento de um reino como o de Davi, um Estado tampão (quase como um amortecedor) entre as superpotências egípcia e assíria.

A origem de Davi está ligada à cidade de Belém, uma pequena vila a treze quilômetros ao sul de Jerusalém, sobre os montes da Judeia. O Primeiro Livro de Samuel nos apresenta Davi como um jovem pastor, escolhido pelo Profeta Samuel, que se torna servente do Rei Saul como seu escudeiro. O conhecido relato popular sobre a morte de Golias, o gigante filisteu, pinta um Davi heroico que, de amigo de Saul, se torna seu inimigo, obrigado a fugir por causa do ciúme do rei, neurótico e suspeito. Não temos condições de avaliar o alcance histórico destes episódios eivados de amplificações populares e sucessivas releituras de caráter tanto ideológico quanto teológico. Parece, na verdade, mais verossímil a apresentação de um Davi líder de grupo, isto é, um chefe militar que procura suplantar Saul (cf. 1Sm 27). Davi, com apoio dos filisteus, de quem é vassalo, consegue rapidamente conquistar uma posição de poder ao Sul, até tornar-se rei de Judá e Hebron (2Sm 2,4). Com a morte de Saul criam-se as condições políticas favoráveis para que Davi, ainda apoiado pelos filisteus, possa tomar o poder sobre o resto de Israel, as tribos do Norte.

Pela primeira vez Judá (o Sul) e Israel (as tribos do Norte) se unem, uma união que, como veremos, durará muito pouco.

Uma das primeiras iniciativas de Davi, por volta do ano 1000 a.C., foi a conquista de Jerusalém, uma das tantas cidades-Estado cananeias, que ele de imediato tornou capital do seu novo reino (2Sm 5). A chegada da Arca da Aliança, sinal da presença do Deus de Israel (2Sm 6), é o sinal mais claro da consagração de Jerusalém como capital do reino. O motivo é evidente: além de sua posição estratégica favorável, Jerusalém é uma cidade com localização neutra, no meio do caminho entre o Norte e o Sul, uma escolha clara de imparcialidade. A arqueologia não revela qualquer ampliação particular da cidade neste período: Jerusalém tinha dimensões extremamente reduzidas, limitada à parte meridional da colina do Ofel.

A ascensão de Davi cria naturalmente um forte contraste com seus antigos apoiadores, os filisteus, que foram derrotados nas duas campanhas narradas em 2Sm 5,17-21.23-25. Outras campanhas militares conduzidas por Davi dentro e fora do seu pequeno reino consolidam sua posição e lhe permitem assumir posições importantes mesmo diante dos estados vizinhos (moabitas, amonitas, edomitas, arameus...). É bastante duvidoso que o reino de Davi se tenha estendido à custa de tais reinos vizinhos; de qualquer modo, não temos traços arqueológicos seguros sobre isso. Ao invés disso, é muito mais provável pensar em campanhas militares que miravam a segurança das fronteiras, que não se estendiam para além da Galileia ao Norte, da planície transjordânica ao Leste e do Deserto do Negueb ao Sul. A real extensão do reino de Davi poderia contemplar, além da Judeia, parte da Samaria e talvez ainda da Galileia (cf., p. ex., 2Sm 20, onde se recordam as localidades do Norte).

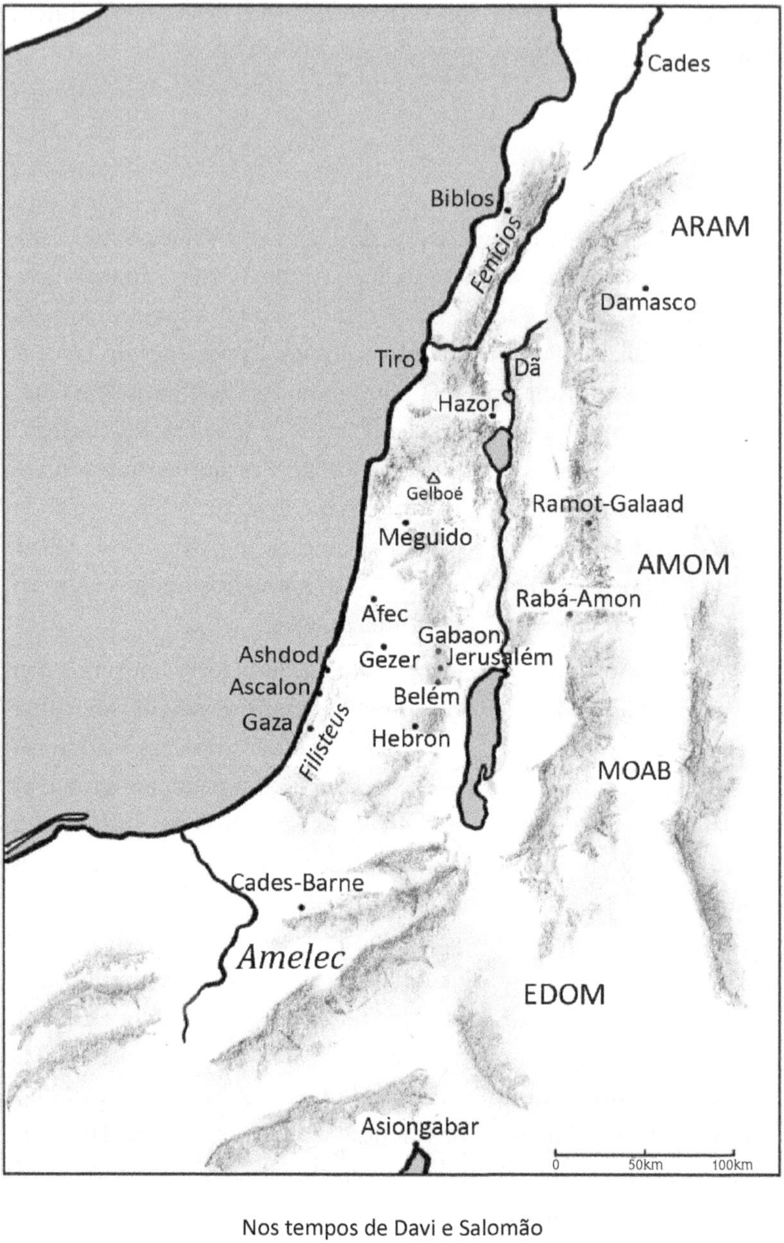

Nos tempos de Davi e Salomão

Com a expansão do reino, nasce também uma estrutura administrativa centralizada. A este propósito, pode-se ver as listas de funcionários contidas em 2Sm 8,15-18 e 20,23-26. Esta é sem dúvida uma novidade para um povo habituado à estrutura tribal bastante diferente: o ajuntamento de tribos forma pela primeira vez um reino.

A chamada "história da sucessão" é outro grande conjunto de narrativas relativas a Davi. Ela testemunha um aspecto menos pacífico do seu reino, revelando a existência de tensões e conflitos internos (o texto bíblico se detém longamente sobre a rebelião do filho Absalão, cf. 2Sm 13–20). Tais tensões, por vezes reduzidas a simples rebeliões locais, podem, contudo, sugerir a existência de verdadeiras correntes antimonárquicas (cf. 1Sm 8). Um outro motivo por detrás deste tipo de conflito é a existência de um forte contraste entre as tribos do Norte e as do Sul, contraste que, depois de Salomão, se transformará numa ruptura declarada.

Falando de Davi, o texto bíblico insiste muito sobre o aspecto religioso: Davi seria o iniciador dos movimentos de centralização do culto que terá o seu ponto culminante com a construção do Templo de Jerusalém levada a termo pelo seu filho Salomão. A este propósito, ocorre reservar-se de dois extremismos opostos: de um lado a ideia fundamentalista de que a religião de Israel fosse uma realidade bem definida desde os tempos do êxodo; de outro, a afirmação de que somente com o exílio nascerá um javismo puro. Neste sentido, vale, antes de mais nada, renunciar à ideia de um Davi como fidelíssimo defensor da unicidade de YHWH. Um simples olhar sobre o elenco dos filhos de Davi em 2Sm 3,2-5 e 5,14-16 nos revela que boa parte dos dezessete nomes são de origem cananeia e como muitos destes contêm o prefixo *El*, o principal deus dos cananeus. Com Salomão encontraremos uma situação análoga. Apenas dois dos filhos de Davi, Adonias (o meu Senhor é YAH) e Safatias (YAH julga), receberão nomes explicitamente javistas. Mais do que de um "sincretismo de Estado"[45] deve-se falar de um Davi que põe outros deuses ao lado do Deus nacional, YHWH. De fato, a arqueologia demonstra que em Israel o culto a YHWH conviveu por muito tempo com o culto aos deuses de Canaã. A visão de um Davi rigorosamente monoteísta é fruto da teologia deuteronomista surgida durante o século VII a.C.[46]

De qualquer modo, a importância da figura de Davi ultrapassa o aspecto histórico: muitos salmos serão atribuídos a ele, de modo a transformá-lo num modelo de fé; ele se torna assim o fundador de uma dinastia que a Bíblia verá como destinatária da promessa divina contida em 2Sm 7,16:

> *a tua casa e a tua realeza subsistirão para sempre diante de mim, e o teu trono se estabelecerá para sempre.*

Assim, Davi se torna uma figura messiânica (cf. Sl 2; 110) tanto que o próprio Jesus será apresentado como "Filho de Davi" (Mt 9,27; Rm 1,3).

3.3 Salomão e o ideal monárquico (ca. 970-931 a.C.)

O texto de 1Rs 1–11 descreve o reino de Salomão como a verdadeira "idade do ouro" do reino de Israel. Salomão é apresentado como o homem mais sábio que existiu sobre a terra, e como o mais rico e o maior do que qualquer rei antes ou depois dele. Assim diz o Senhor ao jovem rei:

---

45. Soggin fala de um "sincretismo de Estado" na primeira edição de sua *Storia di Israele*, p. 112-116. Na segunda edição (p. 222-223) ele se mostra menos otimista acerca da possibilidade de remeter aos conteúdos da religião israelita do exílio, e particularmente acerca da tese de uma religião israelita originariamente pura no sentido monoteísta. Há um detalhe bastante revelador: Por que Davi leva a arca a Jerusalém, mas não constrói ali um templo? O texto de 2Sm 7 justifica isto em chave teológica. De um ponto de vista histórico é muito mais verossímil que Davi não tenha construído um templo visto que certamente na Jerusalém dos jebuseus já existia algum, dedicado a um deus cananeu qualquer.

46. Cf. mais adiante quando se falará sobre Josias.

Dou-te um coração sábio e inteligente, como ninguém teve antes de ti e ninguém terá depois de ti. E também o que não pediste eu te dou: riqueza e glória tais, que não haverá entre os reis quem te seja semelhante (1Rs 3,12b-13)[47].

O Rei Salomão superou em riqueza e em sabedoria todos os outros reis da terra (1Rs 10,23).

O reino de Salomão estenderia seus limites surpreendentes do Rio Eufrates até a fronteira egípcia, ao menos segundo o texto de 1Rs 5,1-4, que, todavia, apresenta a extensão ideal que Israel jamais teve em algum momento da sua história. Enfim, no que tange à fama relativa à sua sabedoria, os livros bíblicos da antiga tradição hebraica do Cântico dos Cânticos, o Qoelet (Eclesiastes), os Provérbios e até mesmo o da Sabedoria foram atribuídos a Salomão, ainda que, de qualquer modo, se tratem de obras escritas por diversos autores e em épocas muito posteriores (o Livro da Sabedoria, p. ex., data de fins do séc. I a.C.).

No texto do Primeiro Livro dos Reis todos estes dados são como que confirmados e autorizados, uma vez que 1Rs 11,41 menciona um "Livro dos feitos de Salomão" que, se realmente existiu, deveria ser uma espécie de crônica oficial do seu reino, provavelmente uma das fontes primitivas do texto bíblico atual. Na verdade, esta apresentação de Salomão não parece corresponder muito à realidade histórica, os dados reais foram consideravelmente amplificados e teologizados pelo narrador e muitos indícios nos levam a perceber claramente a imagem de um Salomão "ideal".

Salomão não era o verdadeiro herdeiro do trono, antes, era filho de uma relação ilegítima de Davi com Betsabeia, o décimo filho do rei. O início da sua história em 1Rs 1–2 no-lo apresenta determinado a eliminar progressiva e sanguinolentamente todos os possíveis pretendentes ao trono de seu pai. O texto bíblico procura julgar moralmente uma série de assassinatos políticos (Adonias, Joab, Simei)

47. Cf. ainda textos do Novo Testamento como Lc 12,27.

ao final dos quais, em 1Rs 3, Salomão recebe inclusive a aprovação divina durante a noite passada no santuário de Gabaon. Portanto, trata-se de uma legitimação teológica da subida de Salomão ao trono, estruturada, como é fácil concluir, apenas depois dos fatos.

Grande parte do relato bíblico sobre Salomão (1Rs 5,15–9,25) é dedicada à construção do Templo de Jerusalém que se tornará o monumento mais importante de Israel até sua destruição pelos babilônicos na época do exílio. Não é possível conhecer em detalhes a estrutura do edifício salomônico, provavelmente teria um caráter essencialmente tripartido com um recinto externo que delimitava um grande pátio descoberto, lugar onde se ofereciam os sacrifícios, e um edifício central, o santuário, dentro do qual possivelmente se encontrava o "santo dos santos", o ambiente que abrigava a Arca da Aliança. O modelo, portanto, não é muito diferente daquele dos templos análogos bem conhecidos em ambiente cananeu e siro-fenício. O próprio Livro dos Reis, em si, recorda como a construção do Templo de Jerusalém não foi levada a cabo por arquitetos e operários israelitas, mas por construtores fenícios, pagos diretamente pelo rei de Tiro (cf. 1Rs 5,15-31; 7,13-14).

No Templo, Salomão aparece como um verdadeiro sacerdote que oferece sacrifícios (1Rs 9,25) e que prega para todo o povo (1Rs 8). Paulatinamente o Templo se transformará no centro do culto para todo o Israel, suplantando os santuários locais. Textos como Dt 12,2-12 demonstram, contudo, que, mesmo em período já de monarquia avançada, o culto em outros santuários ainda não tinha cessado por completo. Como no caso de Davi, também para Salomão não se deve pensar em um combatente vitorioso em defesa do monoteísmo javista:

> *Salomão prestou culto a Astarte, deusa dos sidônios, e a Melcom, a abominação dos amonitas. Fez o mal aos olhos de* Iahweh *e não lhe foi fiel plenamente, como seu pai Davi. Foi então que Salomão construiu um santuário para Camos, a abominação*

de Moab, na montanha a leste de Jerusalém, e para Melcom, a abominação dos amonitas. Fez o mesmo para todas as suas mulheres estrangeiras, que ofereciam incenso e sacrifícios aos seus deuses (1Rs 11,5-8).

O texto bíblico é bastante claro, mas, historicamente falando, mesmo neste caso, não se deve pensar em um desvio moral do velho rei, arrastado para a idolatria por suas muitas mulheres, quase todas pagãs. No fundo, Salomão reflete a situação religiosa extremamente instável de seu tempo.

Ao lado do Templo, Salomão constrói o palácio real, ao redor do qual se desenvolve uma administração bem mais complexa que a de Davi (cf. tb., neste caso, as listas de funcionários apresentadas em 1Rs 4,1-19). É interessante notar que o tempo empregado por Salomão para a construção do palácio teria sido de treze anos (1Rs 6,38–7,1), um período muito mais extenso que o empregado para a construção do Templo (cf. 1Rs 9,10).

A constituição de uma verdadeira classe de funcionários responsáveis pela corte e pelo governo do país teve como ulterior consequência a criação de uma escola para a formação das novas levas de administradores públicos e de governadores. Talvez, em escolas como essas, mesmo que sua existência não seja de todo certa, surgirão mais adiante as primeiras obras sapienciais de Israel, como, por exemplo, as partes mais antigas do Livro dos Provérbios[48].

48. Hoje se tende sempre mais a aceitar que qualquer atividade literária propriamente dita seja impensável em Israel antes do séc. VIII a.C. Por outro lado, descobertas recentes como o abecedário de Tel Zayit (óstraco do séc. X a.C.) atestam que alguma atividade de escrita era difusa em Israel mesmo em níveis mais populares, desde a época salomônica. Cf. HESS, R.H. Literacy in Iron Age Israel. In: LONH, V.P.; BAKER, D.W. & WENHAM, G.J. (orgs.). *Windows in Old Testament history* – Evidence, Argument, and the Crisis on "Biblical Israel". Cambridge: Grand Rapids, 2002, p. 82-102.

Duas características da administração salomônica se constituem como novidades para Israel: a introdução de um sistema de impostos (cf. 1Rs 4,7), fundamento de qualquer governo forte, sobre as bases de uma subdivisão do reino em doze distritos, e a criação de um serviço de trabalhadores públicos forçados. Esta última instituição é particularmente interessante: trata-se de trabalhadores destinados a obras públicas (os assim chamados corvéis) ao que não apenas os escravos e prisioneiros eram obrigados gratuitamente por mandato do rei, mas também os cidadãos livres (cf. 1Rs 5,27-30). Nisso tudo, talvez, Salomão se tenha assemelhado aos olhos do povo aos outros monarcas do tempo, a começar pelos faraós. O descontentamento gerado pela introdução dessas práticas se constituiu um dos motivos que desencadeou a revolta e a divisão do reino após a morte de Salomão (1Rs 12,1-19).

Outra característica da monarquia salomônica, extensamente recordada pelos textos bíblicos, é a atuação de Salomão como construtor de edifícios e de cidades. Neste sentido, os estudiosos modernos lançaram mão da arqueologia, que tem uma contribuição de certo modo interessante. Restos de muralhas encontrados em Jerusalém poderiam, talvez, remeter à época salomônica. Edifícios da mesma época teriam sido descobertos na cidade de Gezer, Hazor e Meguido, mesmo que a datação da atuação de Salomão ainda seja discutível. O texto de 1Rs 9,15 afirma que Salomão "construiu" estas cidades; contudo, entende-se isto como reconstruiu ou reforçou. Uma característica arqueológica particular da época salomônica seria, segundo alguns arqueólogos, o assim chamado "portal de seis câmaras"[49], um

49. O texto italiano identifica estes portais como "*porta a tenaglia*", uma alusão ao seu formato quase como o de uma torquês com seis dentes. O termo clássico para estes portais do séc. X a.C. encontrados igualmente nos estratos VA/IVB em Meguido, no estrato X em Hazor e no estrato VIII em Gezer, é *six-chambered gates* [N.T.].

tipo de portal construído na entrada principal das muralhas das cidades que tinha no seu interior um espaço reservado para os guardas. Todavia, as provas arqueológicas não são decisivas, e, de qualquer modo, nos sugerem pensar em um reino não mais amplo do que o davídico, ou seja, relativamente pequeno. Mas, pela primeira vez, temos alguns dados à disposição, o que se constitui como uma notável diferença em relação aos períodos precedentes, bastante obscuros, da história de Israel.

O texto bíblico ainda apresenta Salomão como um rei dedicado ao comércio, inclusive o marítimo, uma característica muito peculiar para um israelita. Não temos condições de precisar para onde exatamente Salomão teria enviado a sua frota comercial, que surgiu em sociedade com o rei de Tiro, segundo o texto de 1Rs 9,26-27. Fala-se ainda de caravanas (1Rs 10,1-2), de trocas comerciais de produtos agrícolas (trigo, vinho, azeite) com a Fenícia, madeira preciosa, produtos de artesanato (1Rs 5,24-25), comércio de bigas e de cavalos (1Rs 10,26-28). Isto testemunharia a extensão dos horizontes do pequeno reino e o contato estabelecido com outros povos e outras culturas.

Em particular, os sábios de Israel começam provavelmente a desenvolver uma concepção própria neste período, especialmente após o contato com a sabedoria de outros povos e outras culturas, de modo pontual com a Babilônia e o Egito. Este contato é amplificado pelo texto bíblico com o episódio do casamento de Salomão com a filha de um faraó, não precisamente identificado (1Rs 3,1). Tal episódio de fato parece muito estranho, especialmente para quem se interessa pela história egípcia: nenhuma outra fonte o cita, as fontes egípcias nada mencionam sobre este acontecimento e esta prática parece bastante estranha aos costumes faraônicos. De qualquer modo, o relato quer mostrar como Salomão estabeleceu uma posição de poder e relativo prestígio, mais com a diplomacia e o comércio do que com a guerra, ao contrário de Davi. As narrativas de episódios militares no texto de 1Rs 1–11 têm, de fato, um valor insignificante.

Os últimos anos do reino nos apresentam um quadro muito menos idílico: o texto de 1Rs 9,10-14 fala de um Salomão em dificuldades econômicas, constrangido a entregar ao rei de Tiro vinte cidades da Galileia Setentrional como pagamento de débitos pendentes. As fronteiras do reino parecem sempre menos seguras, ao mesmo tempo em que estados, antes amigos, começam a rebelar-se. O crescimento do poderio egípcio a partir do Faraó Sheshonq I (945-921 a.C.) também deve ser arrolado entre os motivos de declínio do reino. Um último motivo é representado pelas tensões internas causadas pelos altos impostos e pela obrigação da *corveia*, tensões estas que se consumarão logo após a morte do rei com a revolta das tribos do Norte guiadas por Jeroboão (1Rs 11,26-40) e na divisão do reino, que de então até a época da revolta dos Macabeus não mais se unirá.

3.4 Características da monarquia israelita

Se observarmos o quadro geral da história de Israel, a monarquia israelita se apresenta como um fenômeno secundário[50]. De fato, a sua unidade durou pouco mais de um século (Saul – Davi – Salomão); o reino do Norte resistiu cerca de dois séculos (até 721 a.C.), enquanto o do Sul se estendeu ainda por um século e meio até o exílio babilônico de 586 a.C. No Pentateuco todo, no conjunto das leis que regulam a vida de Israel, apenas um texto se refere ao rei: trata-se de Dt 17,14-20

50. Uma boa descrição dos deveres do rei se encontra em DE VAUX, R. *Istituzioni dell'Antico Testamento*. 3. ed. Casale Monferrato, 1977, p. 107-149. Sobre a questão mais complexa do poder político em Israel, cf. MANACARDI, E. & MAZZINGHI, L. (orgs.). Il potere politico: bisogno e rifiuto dell'autorità – Atti della XXXVIII Settimana Biblica Nazionale. In: *Ricerche Storico Bibliche* XVII (2006).

que significativamente não prescreve os deveres dos súditos para com o seu rei; ao contrário, prescreve os deveres do rei em relação aos seus súditos. Além disso, o poder dos reis de Israel e Judá é pequeno em comparação as outras monarquias do tempo.

Ao menos do ponto de vista exterior, as características da monarquia israelita não diferem muito das outras monarquias do antigo Oriente Médio, onde de um lado o rei é o vértice de uma organização estatal complexa, e de outro é considerado uma figura divina ou semidivina, o "pai" escolhido por Deus para o povo. Este caráter sacral da monarquia é comum em todo o antigo Oriente Médio: muito evidente para os faraós egípcios e um pouco menos no mundo babilônico onde o rei é "rei do mundo inteiro", escolhido por Deus. Assim, o rei de Israel é, também ele, escolhido pela divindade. Isto vale explicitamente para Saul e Davi, ambos escolhidos por um profeta, Samuel, e também para Salomão, que toma o poder somente após a legitimação divina dada em Gabaon (1Rs 3).

O caráter sagrado dos reis israelitas será mais evidente no reino de Judá, e menos no reino do Norte. Isto se pode explicar mais claramente considerando a instabilidade política que caracterizará o Norte, em oposição ao princípio dinástico que parece regular a sucessão ao trono de Judá. No texto que está na base da ideologia monárquica, a profecia de Natã (2Sm 7), o rei é considerado o "filho adotivo" de Deus (cf. tb. Sl 2,7; 89,27) ainda que não seja deificado como no caso do faraó. O rei é, portanto, o "servo" do Senhor (2Sm 7,4.8; Sl 18,1; 36,1 etc.), o "consagrado" de Deus que é ungido com óleo em sinal desta consagração (cf. 1Rs 1,39): a palavra hebraica *mashiah* significa propriamente "ungido", isto é, "consagrado"; originalmente referida ao rei, indicará posteriormente o rei futuro, o próprio *Messias*. No Sl 45,7 o termo "Deus" será, inclusive, de algum modo relacionado ao rei.

A sacralidade da monarquia israelita tem um aspecto ainda mais profundo. O rei é escolhido por Deus como o garante das benesses do povo (cf. mais adiante), por isso o vínculo que o rei deveria ter com Deus era tido como muito importante e, sobretudo, o fato de que ele, antes de todos, devesse obedecer à palavra divina. Por esse motivo, a palavra do profeta adquire grande valor em Israel, quanto mais sendo este compreendido como o próprio porta-voz de Deus junto ao rei, em primeiro lugar. Este dualismo entre o poder real e a consciência crítica garantida pelo profeta, mesmo não sendo exclusivo de Israel, se constitui como uma das suas características mais significativas.

Recorde-se que, quando o movimento profético ataca com força a monarquia, a sua crítica não será sobre a instituição como tal, mas a quanto esta se tenha distanciado deste ideal religioso, mesmo que alguns profetas como Oseias pareçam compreender o rei como uma figura negativa, quase como que desejada por Deus para a punição do povo (cf. Os 13,11). Desse modo, mesmo a história da sucessão de Davi, não obstante não procure esconder defeitos e pecados muito graves do próprio rei, não coloca em discussão a existência da instituição monárquica.

A figura do rei israelita é em grande parte similar às imagens reais bem conhecidas do antigo Oriente Médio. O princípio dinástico e a entronização do novo rei encontram bons paralelos entre os povos vizinhos: o "protocolo" real, o documento oficial da entronização do Faraó Tutmósis III (ca. 1468-1436 a.C.), se assemelha ao ritual israelita de coroação (cf. 2Rs 11,12) e com um texto análogo, o conhecido Sl 110, salmo de entronização. As características de sacralidade supramencionadas, que atestam um relacionamento particular do rei com Deus, fazem dele o intermediário da salvação entre Deus e o povo. O rei é o garante "do direito e da justiça", isto é, da situação de amizade entre Deus e Israel que permite viver a *Shalom*, palavra com significado muito amplo, que remeta a paz, bem-estar, tranquilidade, ordem, um estado de boas relações dos seres humanos entre si e destes com Deus. O rei é visto então como o defensor e o salvador do povo, o garante da justiça (cf. Sl 72 e 101).

O rei é ainda comandante militar, como se percebe já com Saul. Davi e Salomão constituirão um verdadeiro exército, introduzindo, primeiro, os mercenários, e segundo, a maior força de combate da época, as bigas. Todas as outras prerrogativas reais – a corte, o *harem* (o de Salomão é bem conhecido, 1Rs 11,1), a administração do reino... – não são realidades diferentes das que encontramos fora de Israel. Assim, mesmo o fato de que as escolas sapienciais tenham nascido em ambiente monárquico é perfeitamente semelhante aos costumes que conhecemos relativos à formação dos novos funcionários de corte.

Mas como explicar a presença de textos fortemente antimonárquicos como os que lemos em Jz 8,22-23; Sl 8,7; 10,17-19; 12,20 etc.? Este é um ponto que distingue Israel dos povos vizinhos. Leia-se, por exemplo, 1Sm 8,6-7:

> *Mas esta expressão: "Constitui sobre nós um rei, o qual exerça a justiça entre nós", desagradou a Samuel e então ele invocou a* Iahweh. Iahweh, *porém, disse a Samuel: "Atende a tudo o que te diz o povo, porque não é a ti que eles rejeitam, mas a mim, porque não querem mais que eu reine sobre eles..."*

Muitos destes textos pertencentes à assim chamada "história deuteronomista" foram compostos ou relidos após a queda do reino do Norte em 721 a.C.; outros até mesmo depois do exílio da Babilônia, ou seja, após o fim da monarquia. Vista posteriormente, a monarquia revela-se falida, tendo conduzido o povo à ruína.

A obra do Cronista (1Cr e 2Cr), algum tempo depois do retorno do exílio, relê a história passada de Israel do início da monarquia até a sua derrocada em uma estruturada chave teológica, julgando os vários reis com base no fato de eles terem "buscado o Senhor" ou não. A maior parte dos soberanos de Judá (o cronista ignora o reino do Norte, considerado apostata!), à exceção de Davi, Ezequias, Josias, e, em parte, Salomão, foram a causa da ruína de Israel, pelo seu comportamento. O cronista não tem dúvida de que o comportamento da maioria dos reis de Judá foi a principal causa do desastre do reino (cf. 2Cr 36,11-21).

O texto de Jz 8,22-23 nos oferece um outro elemento por detrás destes textos antimonárquicos: contra a proposta para que se torne rei, Gedeão responde: "*o Senhor reinará sobre vós*". Pode-se perceber nesse texto – assim como no texto já citado de 1Sm 8 – o contraste notado entre a realeza atribuída a YHWH e uma monarquia na qual se explicitava a influência da ideologia real dos povos vizinhos.

A ideia de um reino de YHWH, já presente em Isaías (6,5), se desenvolve ainda mais depois da catástrofe que significou o exílio, quando, uma vez desaparecida a monarquia, começa-se a pensar que YHWH é o verdadeiro rei de Israel (Sl 47; 93,96-98), o único salvador (Is 44,6; 52,7).

Portanto, também neste caso a corrente antimonárquica lança suas raízes em uma prospectiva religiosa. Sobre o plano estritamente político, os reinos de Israel e Judá não são muito diferentes dos reinos que os circundam. Falar de Israel como uma "teocracia", isto é, como comunidade dominada por YHWH-Rei, poderia ser correto somente a partir da época persa[51].

A história da monarquia de Israel se conclui com um paradoxo: uma vez que o rei tenha desaparecido para sempre após o exílio, a ideologia monárquica, contudo, não desaparece, mas sobrevive projetada no futuro, em chave escatológica e messiânica. O texto de Is 11, por exemplo, fala de um rei ideal, descendente de Davi, que será um rei justo e pacífico, ideia messiânica muito viva no tempo de Jesus, descrito também como o "Filho de Davi", o rei que deve vir (cf. Mt 11,9-10; Lc 19,38). Se existe um aspecto que caracteriza os reis de Israel em relação às outras monarquias, este não se encontra no plano político, mas no religioso.

---

51. Cf. mais adiante, p. 122s.

4
OS DOIS REINOS: ATÉ A QUEDA DA SAMARIA

No início do meu reino [...] sitiei e conquistei a cidade dos samaritanos [...]. Deportei como prisioneiros 27.290 habitantes e tomei 50 bigas para o meu exército real [...]. Reconstruí a cidade deixando-a melhor do que era antes e repovoei com gente das terras que havia conquistado. Instituí como chefe desta um dos meus oficiais e lhes impus tributos e taxas como aos assírios (Anais do rei assírio Sargão II).

4.1 A divisão do reino (931 a.C.)

A principal fonte sobre a história da monarquia israelita depois de Salomão até o exílio da Babilônia é o relato que se estende de 1Rs 12 até 2Rs 25. A este relato se podem acrescentar as muitas notícias contidas nos textos proféticos, em particular em Isaías, Jeremias, e, em parte, também Ezequiel, além do próprio texto paralelo mais tardio de 2Cr 10–36. Já se pôde perceber como a perspectiva do texto do Primeiro e do Segundo Livro dos Reis é mais teológica que histórica: entre os tantos exemplos possíveis, note-se o breve espaço dado a reis politicamente importantes em âmbito internacional como Omri, rei de Israel, ao qual o texto bíblico dedica apenas cinco versículos (1Rs 16,23-28). A um rei como Josias, ao contrário, muito menos importante no âmbito político, morto jovem após uma campanha desastrada contra o Egito, são dedicados cinquenta versículos (2Rs 22,1–23,30), porque Josias foi o autor de uma importante reforma religiosa que interessa ao narrador deuteronomista muito mais do que os grandes feitos de Omri.

Em relação ao período considerado até agora, estamos, todavia, em uma situação melhor: as fontes extrabíblicas e arqueológicas começam a falar sobre Israel e nos permitem um confronto com o texto bíblico.

No que tange ao período imediatamente posterior à morte de Salomão, o texto de 1Rs 12 recorda como as tensões internas do reino davídico, particularmente as que se referem ao contraste Norte-Sul, se somará à incapacidade política de Roboão, filho do rei defunto, levando à cisão do reino. Quando Roboão se nega a abrandar a pressão fiscal sobre as tribos do Norte, lideradas por Jeroboão, alto funcionário que já havia se desentendido com Salomão[52], as tribos de Judá se separam, dando origem ao reino de Israel (que é também conhecido como reino do Norte).

A separação entre os dois reinos é narrada de modo muito dramático no cenário de uma assembleia que Roboão teria convocado em Siquém (1Rs 12): não é possível precisar a validade histórica desse texto que revela de qualquer modo, como os contrastes entre Norte e Sul devessem ser já bastante profundos para produzir efeitos tão dramáticos. Exagerando uma visão crítica do texto de 1Rs 12 e forçando os dados além da conta chegou-se à hipótese[53] de que um reino unido

52. A revolta de Jeroboão já fora apresentada pelo texto de 1Rs 11,26-43, que dá ao acontecimento uma interpretação religiosa: Jeroboão recebe sua missão do Profeta Aías de Silo. A divisão do reino é entendida como punição pelos pecados cometidos por Salomão. Segundo o texto bíblico, Jeroboão era um dos altos oficiais a serviço do rei, provavelmente membro de uma família de destaque, personagem ao redor do qual se cristaliza a oposição antissalomônica.

53. Cf. FINKELSTEIN, I. & SILBERMAN, N.A. *Le trace di Mosè* – La Bibbia tra storia e mito. Roma: Carocci, 2002, p. 163-164.

davídico-salomônico não teria existido jamais, seria apenas uma projeção retrospectiva nascida na época de Josias, visto que Judá e Israel teriam sido duas realidades territoriais completamente independentes. No entanto, o que de fato é verdadeiro é que apenas a partir da época pós-salomônica o historiador começa a ter à sua disposição uma série de dados e verificações mais seguras com as quais pode iniciar a escrever uma verdadeira "história de Israel"[54].

De qualquer modo, o reino do Norte é apresentado muito diferente do reino de Judá. Territorialmente se trata de um reino muito mais vasto (cf. o mapa à p. 72), compreende a Samaria, a Galileia, parte das regiões transjordânicas, regiões situadas num complexo muito mais fértil e rico da montanha de Judá que compreende a maior parte do território do reino do Sul. Além disso, o Norte se situa sobre as principais vias de comunicação internacional, dentre as quais a importantíssima "*Via del Mare*", um importante e frequentado corredor de ligação entre o Egito e a Síria. Através da Planície de Jezrael, esta via garantia ainda acesso ao mar, que faltava ao reino de Judá, que tinha o acesso à costa bloqueado pelo território filisteu. Esta posição geográfica, de certo modo realmente vantajosa, se transformará em desvantagem expondo o Norte a ameaças constantes da parte dos povos vizinhos, até a invasão assíria.

Ao contrário, o reino de Judá, ao Sul, era constituído de um território reduzido, montanhoso, economicamente pobre e isolado do plano internacional. A diferença no que tange ao território se traduz, como seria de se esperar, em uma diferença também no que tange ao plano econômico e consequentemente ao militar. A tentativa de Roboão de impor submissão ao Norte – efetivada "no calor do momento", para reprimir prematuramente qualquer ambição de revolta – não teve sucesso: o Norte já tinha um exército bastante forte para se impor sobre o pequeno Estado de Judá.

Outra diferença entre os dois reinos, talvez a única que realmente interesse ao texto bíblico, se refere ao plano étnico e religioso. A

54. Cf. acima o parágrafo "Quando datar o início de uma história de Israel?" (p. 24).

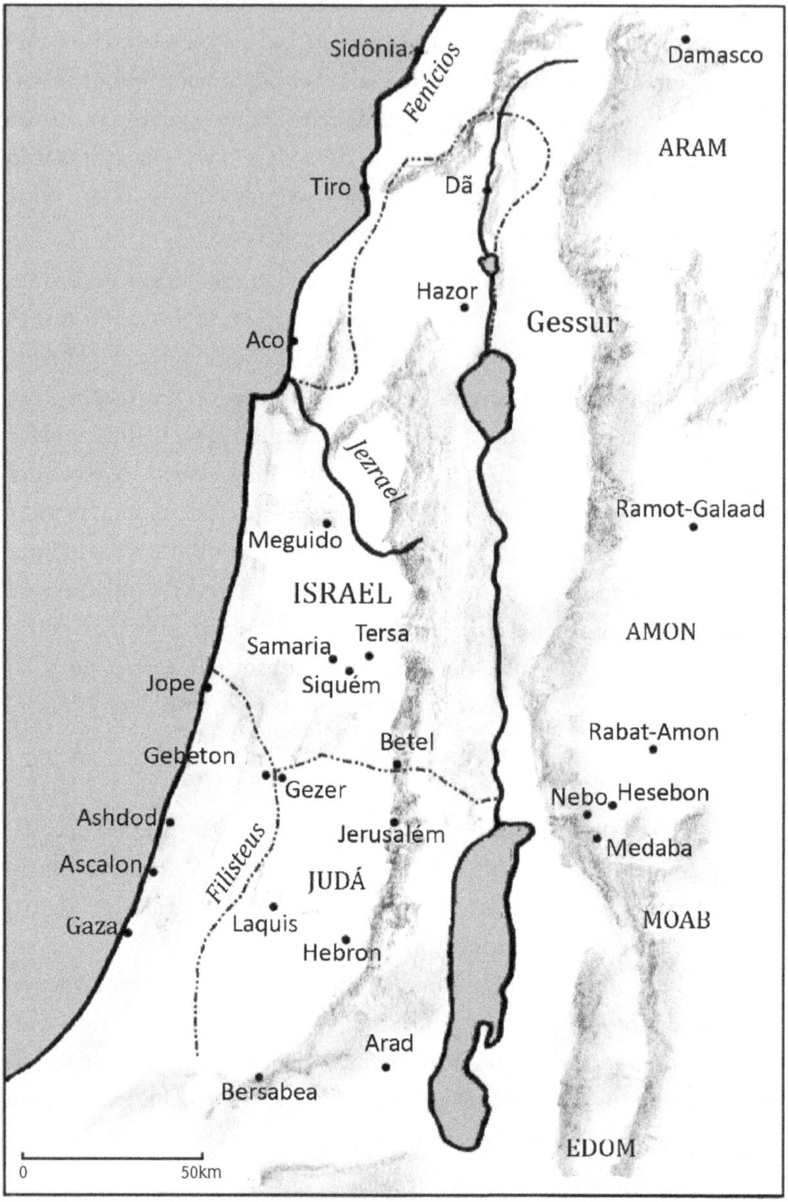

Os reinos de Judá e Israel

população do Sul é mais homogênea, enquanto no Norte ainda existem núcleos de habitantes de origem e religião cananeia e o influxo das populações circundantes (fenícios, arameus e assírios) é muito forte. Isto explica por que Jeroboão se preocupou com a instituição de um culto paralelo, alternativo ao de Jerusalém. O texto de 1Rs 12,26-33 narra a confecção dos bezerros de ouro nos santuários de Dã e Betel, bezerros que representavam o pedestal da divindade, mesmo que não necessariamente Baal, o deus cananeu que, de qualquer modo, terá muito espaço na religião de Israel. Este é o motivo pelo qual a obra já mencionada do cronista não se ocupa do reino do Norte, senão nos casos nos quais suas histórias se compaginam com as do Sul, o reino considerado "fiel" a YHWH.

Os primeiros quarenta anos de vida dos dois reinos são um período realmente caótico, que testemunha um contínuo embate entre os dois estados, frequentes incursões militares nas fronteiras que não raramente assumem o caráter de pequenas guerras de êxito não comprovável que, todavia, não conseguem modificar o quadro político já estabelecido.

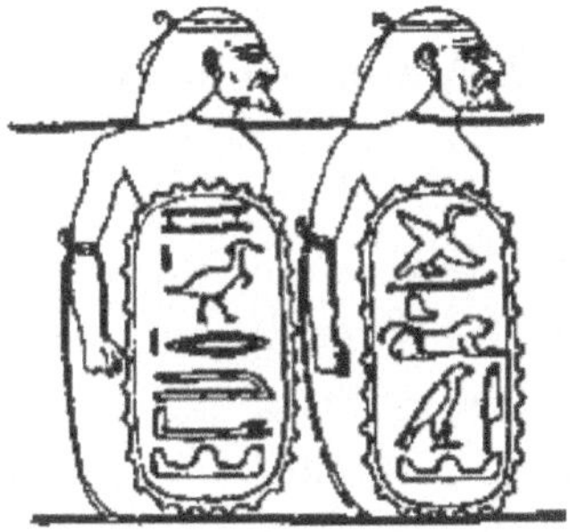

Os quatro primeiros reis de Israel (Jeroboão, Nadab, Baasa e Ela) que reinaram por volta de 931 a 885 a.C., explicitam um outro caráter distintivo do Norte: a sua instabilidade política crônica. Jeroboão e Baasa se tornam reis em dois golpes de Estado diferentes, enquanto seus filhos, Nadab e Ela, foram assassinados depois de menos de dois anos de reinado. Esta instabilidade se agrava nos primeiros anos de Jeroboão pela ameaça egípcia. Uma inscrição no templo de Karnak nos apresenta a lista das cidades conquistadas pelo Faraó Sheshonq (925 a.C.)[55], episódio também narrado em 1Rs 14,25-27. A campanha do faraó foi uma ação fulminante para reafirmar a influência egípcia em Canaã. O reino de Judá não deve ter sofrido muitos danos por conta de sua posição mais retirada. Provavelmente o Rei Roboão pagou um tributo, sinalizando assim um ato de vassalagem, segundo o costume da época. Ao Norte, ao contrário, o faraó avança além da Planície de Jezrael, até a Transjordânia, piorando ainda mais a já difícil situação interna.

Os reis de Judá nesse período são Roboão (ca. 931-914 a.C.), Abia (ca. 914-911 a.C.) e Asa (ca. 911-870 a.C.)[56]. As lutas entre os dois reinos continuaram, com certo predomínio da parte do Norte, até o momento em que, durante as guerras entre Baasa de Israel e Asa, rei de Judá, este último se aliou a Ben-Hadade, rei dos arameus que residia em Damasco, constrangendo o Norte a recuar a posições mais pacíficas (cf. 1Rs 15,16-22). O gesto de Asa é o início de uma nova linha política, aquela das alianças por conveniência em detrimento de uma terceira, uma política que se repetirá com frequência tanto no Norte quanto no Sul, mas que terá consequências negativas, e, por vezes, trágicas.

4.2 A dinastia de Omri em Israel (ca. 885-841 a.C.)

Após o assassinato de Ela, o Rei Omri sobe ao trono no reino do Norte (ca. 885-874 a.C.). Com ele tem-se a primeira tentativa verdadeira de fundar uma dinastia. Cinquenta anos após sua morte, a "casa de Omri" ainda será recordada nos anais do rei da Assíria. O reino de Omri é apresentado pelo texto bíblico em 1Rs 16,23-28: o breve relato prefere delongar-se mais sobre o filho de Omri, Acab, estritamente ligado às histórias do Profeta Elias.

---

55. Chamado *Shishaq* em hebraico, ele é o primeiro faraó recordado explicitamente por nome na Sagrada Escritura (1Rs 1,40).

56. A cronologia dos reis de Judá e Israel não é segura. Os diversos autores fornecem datas diferentes. Para uma visão de conjunto, cf. a tabela cronológica ao final deste volume.

Omri é apresentado como um chefe militar que consegue tomar o poder com ajuda de suas tropas, por ocasião da morte de Zimri – rei por sete dias – derrotando o rival Tibni: o texto de 1Rs 16,16 o define explicitamente como "chefe do exército" e isto é tudo o que sabemos a seu respeito. O seu primeiro gesto importante é a fundação de uma nova capital: da cidade de Tirza, a administração do reino é transferida para a nova cidade da Samaria, fundada por ele mesmo. A escolha de Omri se explica facilmente: isolada, no centro de colinas férteis, na encruzilhada de importantes vias, a Samaria ocupa uma posição estratégica. Doze quilômetros ao norte de Nablus, a cidade foi destruída várias vezes e reconstruída na época dos romanos com o nome de Sebaste. Ainda hoje as muralhas da época israelita são visíveis entre as ruínas. Assim, a Samaria se torna uma grande cidade, não obstante a Bíblia lhe dedique apenas alguns versículos (1Rs 16,24).

Para contrabalançar a aliança feita pelo rei de Judá com a potência sempre mais próspera dos arameus de Damasco (recorde-se a já citada estela de Tel Dan), Omri se alia aos fenícios de Tiro: esta aliança será selada com o casamento do filho de Omri, Abac, com Jezabel, filha do rei de Tiro (cf. 1Rs 16,31). Assim, Omri estabelece um poderio considerável, mesmo em campo militar, ao menos se comparado à pouca relevância de Israel no contexto internacional. Ele assedia a cidade filisteia de Gebeton e toma parte do território moabita na Transjordânia. Deste fato temos uma confirmação segura proveniente de uma fonte estranha à Bíblia. Em 1868 foi casualmente descoberta na Jordânia uma estela em basalto negro que foi reconstruída e decifrada, mesmo tendo sido semidestruída pelos beduínos que a tinham encontrado (os quais pensavam que encontrariam dentro dela um tesouro!). A inscrição que contém 34 linhas remonta aos anos 842-840 a.C. e é atribuída a Mesha, rei de Moab, contemporâneo de Acab. É muito interessante ver, ao menos em parte, o seu conteúdo:

> Eu (sou) Mesha, filho de Kemosh, rei de Moab o Dibonita. Meu pai reinou em Moab durante trinta anos e eu reinei depois de meu pai. Elevei este lugar alto para (o deus) Camos em Qarhoh; (eu) o construí [vit]orioso, porque ele me salvou de todos os reis e me fez triunfar sobre os meus

inimigos. Omri era rei de Israel e tomou Moab durante longos dias, porque Camos estava em cólera contra o seu país. Quando o seu filho (Acab) o sucedeu também ele disse: "Eu humilharei Moab!" Nos meus dias ele Ca[mos] assim disse, mas eu triunfei sobre ele e sobre a sua casa. E Israel foi destruído para sempre. Ora, Omri tinha tomado posse de todos os países de Madaba e (Israel) tinha habitado ali durante os seus dias e a metade dos dias de seu filho, quarenta anos. Mas Camos habitou ali durante os meus dias. [...]

Camos me disse: "Vai, toma Nebo de Israel". Eu fui e combati contra ela da aurora até o meio-dia. A tomei e matei a todos, sete mil homens, com crianças, mulheres, jovens e escravos, porque eu a tinha destinado ao extermínio para o deus Ashtar-Camos. De lá eu tomei os "vasos" (?) de YHWH e os trouxe à presença de Camos...[57]

A estela dá testemunho sobre a veracidade das conquistas feitas por Omri e, ao mesmo tempo, da derrota sofrida alguns anos depois por Acab, que vê Moab reconquistar sua independência. O texto bíblico de 2Rs 3 narra de modo obscuro e embaralhado a derrota final de Jorão, filho de Acab (cf. v. 27). Naturalmente a estela de Mesha dá atenção especial à vitória decisiva e à reconquista da independência, e não à derrota sofrida pelos moabitas no passado (da qual, ao contrário, fala o texto bíblico, do ponto de vista de Israel). Além disso, a estela fala da vitória de Moab sobre o "filho de Omri" que não é,

57. O texto da estela de Mesha pode ser lido em tradução italiana em CIMOSA, M. *L'ambiente storico-culturale delle Scritture ebraiche*. Bolonha: EDB, 2000, p. 286-290 (apresentada aqui com pequenas modificações). Os acréscimos entre parêntese quadrado são reconstruções de um texto perdido, e aqueles entre parêntese simples são explicativos: Camos (Kemosh) é o deus principal dos moabitas; Madaba e Nebo são duas cidades da Transjordânia que Omri conquistara. O "lugar alto" do qual se fala no início da inscrição é um lugar de culto da religião moabita. Os "vasos" sagrados de YHWH são objetos ainda não bem identificados.

contudo Acab, mas seu filho Jorão. Mas, "filho" neste caso, provavelmente, deve-se entender no sentido de "descendente". Contudo, a estela é igualmente importante de um ponto de vista religioso porque é um testemunho explícito do culto de YHWH, Deus de Israel, contraposto ao deus nacional moabita, Camos.

O sucessor de Omri, o filho Acab (874-853 a.C.), combateu um inimigo bem mais forte que os moabitas: a crescente potência assíria. No início do século IX a.C. o Rei Assurbanipal II (883-859 a.C.) do coração do reino assírio, a cidade de Nínive, às margens do Tigre (no atual Iraque), alcança e conquista a Síria e a Fenícia. O filho de Salmanasar III (858-824 a.C.) continua com esta política expansionista organizando uma campanha em grande estilo em direção ao Oeste em 853. Os reis locais, por sua vez, se organizaram numa liga anti-Assíria que compreendia o rei de Damasco, o rei de Israel, Acab, e outros reis da região com reforços provindos até mesmo do Egito. O combate contra o exército assírio se dá próximo à localidade de Qarqar, às margens do Rio Oronte, ao norte do atual Líbano, e foi para a liga anti-Assíria uma derrota, mas que conseguiu frear, ao menos em parte e momentaneamente, a expansão assíria. Desta batalha, à qual a Bíblia sequer faz alusão, temos um resumo em uma inscrição descoberta em 1845 sobre um monólito datado do reino de Salmanasar III. Nesta inscrição são atribuídos a "Acab do país de *Sir'ila* (Israel?)" – se esta leitura é correta – 2 mil bigas e 10 mil soldados de infantaria, uma força militar bastante considerável para a época, o que faria de Acab o líder indiscutível da coalizão anti-Assíria. A arqueologia demonstra que, durante o reino de Acab, importantes cidades em posições-chave foram fortificadas, como a própria Samaria, Hazor e Meguido.

Durante a dinastia de Omri a estabilidade política, com as vitórias militares, promoveu também uma melhoria das condições econômicas e sociais. Todavia, nascem em Israel os primeiros contrastes devidos à desigualdade social e à arbitrariedade da classe dirigente, contrastes que, com o passar do tempo, se tornarão cada vez mais graves. A história da vinha de Nabot que foi assassinado a mando do Rei Acab que queria tomar sua propriedade (episódio narrado em 1Rs 21) é, provavelmente, um eco deste tipo de problema.

De um ponto de vista religioso, o texto bíblico emite um juízo extremamente negativo sobre o reino do Norte e, de modo particular, sobre Acab:

> *Acab, filho de Omri, fez o mal aos olhos de* Iahweh, *mais do que todos os seus antecessores. [...] Erigiu um altar a Baal no templo de Baal, que construiu em Samaria. Acab erigiu também um poste sagrado e cometeu ainda outros pecados, irritando* Iahweh, *Deus de Israel, mais que todos os reis de Israel que precederam* (1Rs 16,30-33).

Ligado a este aspecto do reino de Acab e no interior das histórias políticas referentes à dinastia de Omri, o relato bíblico tem especial interesse pelas histórias de dois grandes profetas, Elias e Eliseu, aos quais boa parte dos livros dos Reis é dedicada: o ciclo de Elias se estende de 1Rs 17 a 2Rs 2 e o de Eliseu de 2Rs 3 a 2Rs 13. Cronologicamente falando, Elias se situa durante o reino de Acab, enquanto as ações de Eliseu chegam até mesmo ao reino de Joás. É muito difícil reconstruir o núcleo histórico original relativo à tradição sobre os dois profetas a ponto de precisar quanto ela foi relida e amplificada em seguida. Os dois ciclos, de Elias e Eliseu, testemunham a existência de um embate violento entre o culto a Baal e a YHWH, embate este que tem um elemento dramático no relato de 1Rs 18,20-40, o desafio entre Elias e os sacerdotes de Baal sobre o Monte Carmelo. Provavelmente, a existência deste conflito tenha sido acentuada por um redator de fé javista que possivelmente escreveu na época de Manassés (cf. mais adiante). Contudo, estas duas figuras proféticas são testemunhas do fato de que, ao menos no reino do Norte, o culto a Baal ainda era praticado, concomitante ao culto a YHWH. No entanto, não se trata de uma apostasia religiosa – Baal preferido a YHWH –, mas de um culto javista não exclusivo: os dois filhos de Acab têm, ambos, nomes javistas (i. é, nomes compostos com o nome sagrado, em hebraico Ahazi*ah* = "YHWH tomou" e *Yeho*ram = YHWH foi elevado"). Evidentemente, para os reis de Israel e para os próprios israelitas, este sincretismo (ou este pluralismo!) era muito mais pacífico do que para as correntes proféticas rigidamente javistas, para os quais as formas de expressão da religiosidade popular representavam um verdadeiro escândalo.

Durante o período da dinastia de Omri, o reino do Sul é eclipsado pela potência do Norte. Contudo, o relacionamento entre os dois reinos provavelmente tenha melhorado, já que em 2Rs 22,4 vemos Judá combater ao lado de Israel.

Sobre os sucessores de Asa, Josafá e Jorão, sabemos muito pouco. Sobre Josafá, o texto de 1Rs 22,48-50 faz referência a uma tentativa de expedição marítima frustrada, cuja real historicidade desconhecemos. Segundo 2Cr 17,1-9 e 19,1-11, Josafá pertence aos poucos reis "justos" que empreendem reformas, sobretudo religiosas: de tentativas deste gênero não existem vestígios além do próprio texto tardio do Segundo Livro das Crônicas.

Quando morre o sucessor de Josafá, Jorão (841), sobe ao trono Ocozias, que foi rapidamente assassinado depois de menos de um ano de reinado. Sobe ao trono, então, a rainha-mãe Atalia, filha de Acab e Jezabel (841-835 a.C.), que assumira a regência depois de ter assassinado todos os possíveis pretendentes, e que foi, por sua vez, destronada num golpe de Estado, provavelmente arquitetado pelas classes sacerdotais e pela nobreza que levou ao poder o jovem Joás, filho de Ocozias.

4.3 O apogeu do reino do Norte (ca. 841-743 a.C.)

Um sanguinário golpe de Estado põe fim à dinastia de Omri: com o apoio dos círculos proféticos – o texto bíblico fala de Eliseu –, um alto oficial do exército de nome Jeú (841-814 a.C.) extermina toda a família de Acab, a começar pela mulher Jezabel e, ao mesmo tempo, restaura o culto a YHWH a força, massacrando todos os profetas de Baal (o episódio é narrado em 2Rs 10,18-28). É muito interessante observar que o texto de Os 1,4 oferece uma visão completamente negativa da obra de Jeú. Na realidade, tratam-se de dois pontos de vista diferentes: enquanto o texto deuteronomista exalta a reforma religiosa do novo rei, o Profeta Oseias condena o seu método violento. Aqui se compreende bem como a historiografia bíblica é sempre guiada por objetivos teológicos. A revolta de Jeú se inscreve em um movimento mais vasto de desestabilização que envolve toda a região. De fato, no mesmo período um golpe de Estado ocorre entre os arameus de Damasco, onde um certo Cazael toma o poder, assassinando o rei legítimo. É interessante notar como neste caso isto parece acontecer com o apoio indireto de Eliseu, ao menos segundo o texto de 2Rs 8,7-15.

No entanto, a partir desta data (841 a.C.), o poderio de Israel começa a declinar: o conhecido "obelisco negro", uma inscrição assíria do tempo de Salmanasar III recorda o tributo pago por "Jeú, filho de Omri", ao rei assírio. Trata-se da primeira representação que possuímos de um rei de Israel. Na verdade, Jeú não era propriamente filho de Omri, mas este é um testemunho posterior da notoriedade da dinastia omrida em contexto internacional. Isto nos faz suspeitar que o golpe de Estado de Jeú não tenha acontecido sem o apoio ou pelo menos a aprovação da Assíria: neste caso, as motivações religiosas estariam em segundo plano. Poucos anos mais tarde, o rei de Israel, Joás (entre ca. 798 e 783 a.C.), aparece como simples vassalo da Assíria, como testemunha um outro documento, a estela assíria de Ada-Nidari encontrada em Tell Rimah, que remete ao ano 797 a.C. aproximadamente.

Com o sucessor de Joás, o reino do Norte goza de seu último período de esplendor. O Rei Jeroboão II, de fato, consegue restabelecer a situação de relativa paz e segurança do tempo de Omri. Jeroboão (ca. 783-743 a.C.), dentre outros, é o primeiro rei israelita do qual possuímos um achado arqueológico seguro: um selo de jaspe encontrado em Meguido – importante cidade em posição estratégica, às margens da *Via del Mare*, aos pés do Monte Carmelo – que apresenta a assinatura: "Shema, servo (provavelmente "ministro") de Jeroboão". Neste período muito pujante, como se viu, temos outros testemunhos escritos: em 1910 foram encontradas nas escavações da Samaria numerosas *ostraka*, palavra grega usada pelos arqueólogos para identificar os fragmentos convexos de cerâmica usados como tablete para escrever. Trata-se de um recibo de carregamento e transporte de azeite e vinho destinados ao palácio real da Samaria, datável entre 778 e 770 a.C. Esses preciosos achados testemunham a prosperidade e o bem-estar do reino de Jeroboão, ou pelo menos da sua corte. A ascensão de Jeroboão é seguramente favorecida por uma causa externa,

o declínio do reino arameu de Damasco, destruído pelos assírios, em constante expansão. O texto de 2Rs 14,25 (cf. Am 6,13) nos recorda ainda como Jeroboão foi capaz de conquistar uma parte da Transjordânia, as mesmas regiões já submetidas por Omri.

O reino de Jeroboão nos interessa porque é exatamente neste período que se situa a obra dos dois primeiros profetas escritores, Amós e Oseias (cf. Am 1,1; Os 1,1). Esta coincidência nos provoca a aprofundar as condições sociais de então. Alguns textos de Oseias parecem fazer referência à anarquia política que antecedeu o reino de Jeroboão (cf., p. ex., Os 7,6-7 e 13,10-11). Ainda no campo político, Oseias denuncia a política de concessões dos soberanos de Israel, que firmam aliança ora com o Egito, ora com a Assíria, dependendo da circunstância:

> *Efraim é como uma pomba ingênua, sem inteligência; pedem auxílio ao Egito, vão à Assíria. Enquanto vão, lanço sobre eles a minha rede, eu os abato como pássaros do céu, eu os puno por causa de sua maldade* (Os 7,11-12).

Os textos de Os 5,13 e 12,1-2 fazem referência aos tributos pagos aos soberanos assírios pelos reis de Israel. A situação de desordem internacional, própria de toda a região, é bem marcada na longa passagem de Am 1,3–2,3. Amós delonga-se de modo particular a denunciar a situação de injustiça vivida pelos habitantes de Israel. Segundo o quadro que ele descreve, os chefes do povo o oprimem (cf. Am 2,6-7), os comerciantes fraudam (8,4-6), os juízes não exercem a justiça e os sacerdotes oferecem cultos apenas de aparência (cf. Am 5,21-27; Os 5,1-2). Em particular, é focalizado o luxo no qual as classes dominantes vivem: os "marfins" da Samaria, recordados no duro texto de Am 6,1-7, são as refinadas manufaturas de marfim ali descobertas e que podem ser admiradas ainda hoje no Museu Rockfeller em Jerusalém. Por fim, tanto Amós quanto

Oseias estabelecem como vértice da sua denúncia social a opressão do pobre, condenada com muita força recordando aqueles que "vendem o justo por prata" e "esmagam sobre o pó da terra a cabeça dos fracos" (Am 2,6-7). Isto se aplica àquelas classes de pequenos agricultores e de assalariados já arruinados pelas repetidas guerras, as calamidades naturais como terremotos, frequentes carestias, pestes, invasões de gafanhotos, desgraças interpretadas pelos profetas em chave explicitamente teológica (neste sentido, cf. Am 4,6-12).

Estamos diante de um outro caso no qual um período historicamente florescente e politicamente mais sólido que os precedentes, ou seja, o reino de Jeroboão II, é interpretado pelo texto bíblico, neste caso, pela mensagem profética de Amós e Oseias, como um período totalmente negativo, justamente por conta da existência da grande disparidade e injustiça social, ao lado de um considerável bem-estar, privilégio, contudo, de poucos.

Durante este período o reino do Sul ainda se encontra obnubilado pelo influxo do Norte, em particular durante o reino de Jeroboão. Seu contemporâneo foi o Rei Azarias, chamado ainda de Ozias ou Uzia (781-740 a.C., mas neste caso a datação é muito incerta), personagem pouco conhecido do qual o texto de 2Rs 15,5 afirma que era leproso. Sob Azarias – Ozias, o reino do Sul parece gozar de relativa prosperidade, ainda que não na mesma proporção do que se viu a propósito do Norte. O texto de 2Cr 26–27 fala longamente deste rei, com um entusiasmo que, de certo modo, contrasta com as notícias concisas fornecidas pelo relato mais antigo de 2Rs 15,1-7. A situação que Isaías nos descreve no capítulo 2, ao que parece, reflete a riqueza, mas também a injustiça social da época de Ozias:

> *Com efeito, tu rejeitaste o teu povo, a casa de Jacó, porque ele, desde tempos antigos, está cheio de adivinhos como os filisteus, no seu meio há muitos filhos de estrangeiros. A sua terra está cheia de prata e ouro: não há fim para seus tesouros; a sua terra está cheia de cavalos: não há fim para seus carros* (Is 3,6-7).

Isaías situa o início da sua missão no ano da morte do Rei Ozias (Is 6,1). Durante o reino de Ozias as relações com o Norte devem ter sido boas, as fronteiras dos dois reinos colocadas juntas não diferem daquelas alcançadas anteriormente, em época salomônica. Este período assiste aos seus melhores momentos, tanto para Israel quanto para Judá – mesmo recordando as denúncias proféticas. Todavia, trata-se de uma prosperidade mais aparente do que real, que, contudo, preanuncia um declínio veloz.

4.4 A queda do reino do Norte (743-722 a.C.)

Após a morte de Jeroboão II, o reino do Norte decai rapidamente em um novo e mais grave período de anarquia. Dois reis são assassinados sucessivamente: Zacarias e Selum, mortos no mesmo ano (743 a.C.). No entanto, o fator decisivo para a queda de Israel foi uma nova onda violenta da Assíria. Provavelmente em torno de 745 a.C., o Rei Teglat-Falasar III sobe ao trono da Assíria, e coloca em ação um ambicioso programa de conquistas e de expansionismo que o leva a adotar uma política extremamente agressiva. Em pouco tempo o poderio assírio se estenderá do Tigre e do Eufrates até o Mediterrâneo; dos confins da Ásia Menor até o Deserto do Negueb, chegando a ameaçar o próprio Egito. A força da Assíria é antes de mais nada militar: pela primeira vez a cavalaria é usada como força de assalto, concomitante ao uso já difundido dos carros de guerra. A ferocidade e crueldade do exército assírio eram bem conhecidas na Antiguidade, tanto que um texto de Isaías descreve os assírios como animais ferozes lançados ao assalto:

> *No meio dele não há cansados ou claudicantes,*
> *Não há nenhum sonolento, ninguém que dormite,*
> *Ninguém que desate o cinto dos seus lombos,*
> *Ninguém que rompa a correia dos seus sapatos.*
> *As suas flechas estão aguçadas e todos os seus arcos retesados,*
> *Os cascos dos seus cavalos parecem sílex,*
> *As rodas de seus carros lembram um furacão.*
> *O seu rugido é como o de leoa,*
> *Ruge como o leão novo:*
> *Ruge enquanto agarra a sua presa,*
> *Arrebata-a e não há quem consiga tomar-lha;*
> *Naquele dia rugirá contra ele com um rugido semelhante ao do mar.*
> *Olha para a sua terra: eis que tudo são trevas e angústias, a luz se transformou em trevas por efeito das nuvens* (Is 5,27-30).

Alguns reinos, especialmente os mais pequenos, se submeteram voluntariamente para evitar a destruição, tornando-se assim vassalos da Assíria, outros foram constrangidos a ceder territórios e pagar pesados tributos. Ao menor sinal de rebelião a Assíria intervinha com dureza, aniquilando a região e colocando seus próprios funcionários no poder. Uma novidade neste gênero de política de conquista é o uso sistemático da deportação: frente a alguma tentativa séria de rebelião a Assíria deportava toda a classe dirigente do país, extirpando assim qualquer tentativa futura. A Assíria, portanto, governa com o terror, unindo deportações em massa a políticas de "limpeza étnica" e assimilação forçada da língua, cultura e religião assírias pelas populações.

Nesses anos, o reino do Norte (estamos por volta de 734-733 a.C.) tenta um último e desesperado movimento para frear a potência assíria: uma coalizão com Rason, rei de Damasco, da qual também o rei de Judá, Acaz (736-716 a.C.), foi convidado a participar. Este se nega a intervir, de modo que Rason de Damasco e Faceia[58], rei de Israel, tentam depô-lo a força. Trata-se justamente daquela que foi chamada a "Guerra Siro-efraimita", o último embate entre o reino do Norte e o do Sul. A guerra, na realidade pouco importante no plano militar, assume um valor relevante no texto bíblico, e se constitui como o pano de fundo histórico necessário para compreender Is 7–8, onde se situa o célebre oráculo sobre o nascimento do Emanuel (Is 7,14). Tomado de pavor e acuado entre duas ameaças, uma imediata proveniente do reino do Norte e outra mais distante e mais terrível, proveniente dos assírios, Acaz decide submeter-se a estes últimos, não obstante os conselhos dados por Isaías. Acaz se dirige diretamente a Teglat-Falasar oferecendo-lhe espontaneamente um tributo (2Rs 16,7) e chegando até mesmo a acolher costumes religiosos assírios no Templo de Jerusalém (2Rs 16,10). O nome de Acaz é recordado nos anais da corte assíria nas listas dos vassalos tributários do rei.

Teglat-Falasar não deixa passar a ocasião propícia e no mesmo ano empreende uma campanha militar, primeiramente contra Damasco e em seguida contra Israel (cf. o mapa à p. 88). Damasco foi destruída e Israel reduzido a um Estado vassalo, onde Teglat-Falasar empossou um rei de seu agrado, certo Oseias (732-724 a.C.). Este, por sua vez, depois de ter reinado durante nove anos, rebelou-se contra Salmanasar V, novo rei assírio, por motivos que ignoramos, talvez tentando uma

58. Por vezes o nome do Rei Rason de Damasco é transliterado como Rezin, assim como o Rei Faceia de Israel é transliterado como Pekakh [N.T.].

improvável aliança com o Egito. A Assíria respondeu mais uma vez com dureza e, sob Sargão II, sucessor de Salmanasar V, em 722 a.C., depois de dois anos de sítio, a Samaria foi tomada e destruída. Grande parte da população (27.290 pessoas, se se deve dar crédito à inscrição de Sargão II) foi deportada para a Assíria (2Rs 17,5-6).

Desse modo, o Norte se torna de fato uma província assíria, agora chamada "Samaria", com novos habitantes, não israelitas e, consequentemente, com novos costumes e práticas religiosas, estabelecendo, desse modo, as bases daquela que, muito tempo depois, será a separação entre judeus e samaritanos, mesmo que o culto a YHWH jamais tenha desaparecido por completo. O fim do reino do Norte se deve a fatores prevalentemente políticos: para além da contínua e crônica instabilidade política (podem-se contar ao menos oito golpes de Estado) somam-se as lutas contra o Sul (exceto nos poucos períodos de paz) e a posição estratégica muito mais central em relação ao pequeno e internacionalmente pouco importante reino de Judá. O longo texto de 2Rs 17,6-23 é uma ampla reflexão que *a posteriori* tenta justificar teologicamente estes acontecimentos remetendo-se ao sincretismo religioso existente desde os tempos de Jeroboão I: "*isto aconteceu porque os israelitas pecaram contra o Senhor seu Deus...*" Outra vez, o texto bíblico parece mais interessado pelo sentido teológico daquilo que aconteceu do que pela exatidão histórica dos fatos, uma tendência muito comum no mundo do antigo Oriente Médio.

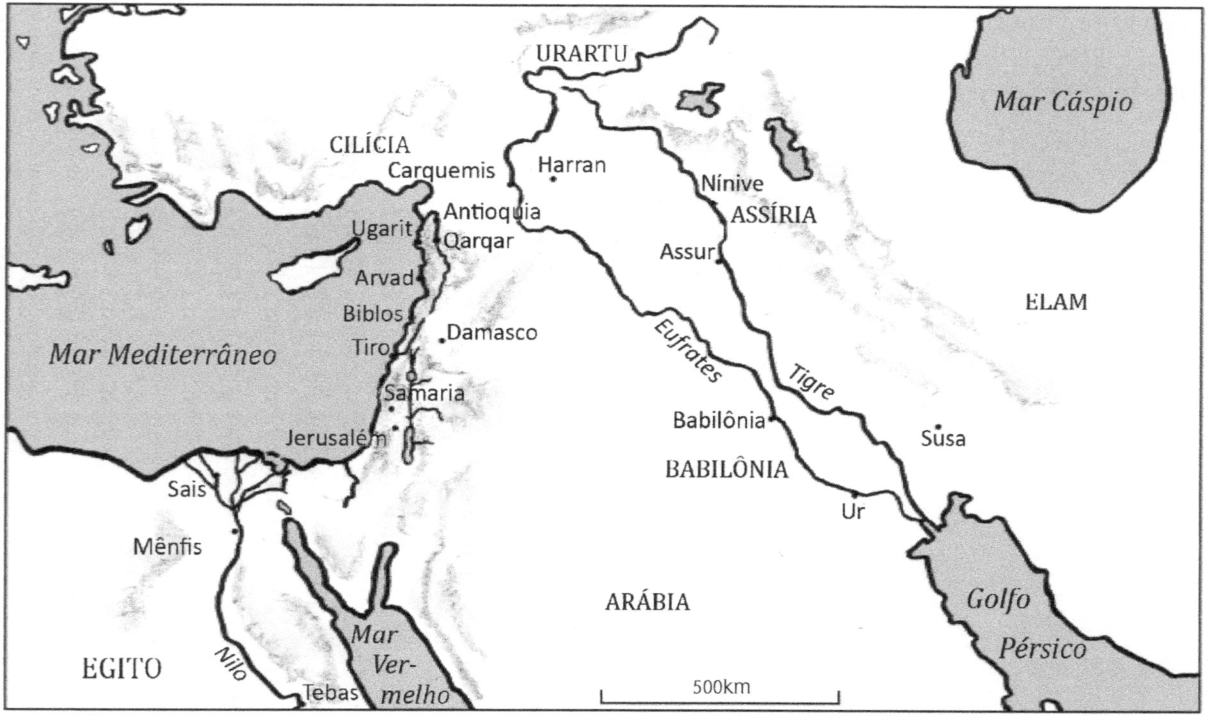

O Oriente Médio antigo

5
O REINO DE JUDÁ: DE 722 a.C. AO EXÍLIO BABILÔNICO

Exceto Davi, Ezequias e Josias, todos multiplicaram as transgressões porque abandonaram a lei do Altíssimo: os reis de Judá desapareceram. Porque eles entregaram seu vigor a outros e sua glória a uma nação estrangeira...
(Eclo 49,4-5).

5.1 Ezequias (716-687 a.C.)

Depois da queda do reino do Norte, Judá reduziu-se a um pequeno Estado, completamente insignificante no panorama histórico internacional, um dos poucos reinos que ainda permaneceu independente e não diretamente sujeito à Assíria, de quem, contudo, torna-se vassalo após o episódio do pagamento do tributo de Acaz a Teglat-Falasar. Neste período, a Judeia se constitui como uma espécie de Estado tampão entre a Assíria e o Egito. Como único herdeiro das tradições religiosas israelitas, o reino do Sul se torna o centro da elaboração dos textos bíblicos como já provavelmente aqueles da escola deuteronomista e dos profetas "escritores", como Isaías e Miqueias.

A cronologia do reino de Ezequias é ainda muito discutida. Provavelmente ele compartilha o reino de seu pai Acaz desde 728, e se torna rei em 716 a.C., ou seja, pouco tempo após a queda do Norte.

O texto bíblico se ocupa demoradamente de Ezequias: além de 2Rs 18–20, temos Is 36–39 e a versão apresentada pelo cronista em 2Cr 29–32. O quadro que nos é apresentado é muito positivo:

> *Pôs sua confiança em* Iahweh, *Deus de Israel. Depois dele, não houve entre todos os reis de Judá quem se lhe pudesse comparar; e antes dele também não houve. Conservou-se fiel a* Iahweh, *sem jamais se afastar dele, e observou os mandamentos que* Iahweh *prescrevera a Moisés. Por isto,* Iahweh *esteve com ele e ele teve êxito em todos os seus empreendimentos* (2Rs 18,5-7).

É evidente que não se trata de um juízo em sentido político, mas em sentido religioso: Ezequias, ao contrário de seu pai "ímpio", Acaz, é recordado sobretudo por ter empreendido uma reforma religiosa. De certo modo, o cronista faz de Ezequias um precursor de algo que se assemelharia ao nosso ecumenismo: por ocasião da grande Festa da Páscoa, celebrada por ele como confirmação de sua reforma religiosa, Ezequias teria convidado a participar até mesmo as odiadas tribos do Norte (2Cr 30). A sua reforma teria se constituído como uma restauração do culto a YHWH, lado a lado com a tentativa de eliminar os cultos cananeus e os lugares sagrados constituídos por estes. Em particular, Ezequias teria insistido sobre o papel central do Templo de Jerusalém.

É muito difícil emitir um juízo sobre a veracidade destes dados. É difícil separar no texto bíblico aquilo que Ezequias poderia ter feito da idealização que o redator deuteronomista faz da sua obra. Contudo, pode-se admitir como provável alguma ação reformadora de Ezequias com o intuito de afirmar com mais força a unicidade do culto a YHWH, ação esta que recebeu o suporte de grupos proféticos (Isaías).

A este programa religioso, Ezequias acrescenta também um programa político: consegue expulsar os filisteus, tomando posse de uma parte do território perdido por seus predecessores e, por volta de 705 a.C., alia-se ao Egito para contrastar o poderio assírio. Isto acontece no momento da morte de Sargão, o rei assírio assassinado inesperadamente. Assim, Ezequias aproveita do momento de dificuldade encontrado pelo sucessor de Sargão, o Rei Senaquerib. Tanto o texto bíblico quanto a arqueologia testemunham os preparativos de Ezequias para resistir a uma eventual invasão. Os textos assírios relativos à invasão, que efetivamente acontecerá em seguida, falam da conquista de quarenta e seis fortificações militares, fortalezas evidentemente construídas ou restauradas por Ezequias. Assim, não obstante tudo, Jerusalém e a Judeia vivem um breve período de relativo bem-estar. O empreendimento mais célebre, bem visível ainda hoje, é o túnel de Siloé, um aqueduto subterrâneo usado para abastecer a cidade de Jerusalém numa eventual situação de sítio. O túnel sai da fonte de Gion, fora dos muros, e leva a água até a piscina de Siloé, dentro da cidade. Trata-se de uma respeitável obra de engenharia, que se pode percorrer a pé ainda hoje. Em 1880 foi encontrada na entrada do túnel uma inscrição em hebraico que provavelmente remete ao próprio Ezequias, na qual os operários narram de modo detalhado e apaixonante a fase final da construção do túnel[59].

Portanto, o projeto de Ezequias parece bastante claro: os preparativos para a guerra e a aliança com o Egito atestam o desejo de libertar-se da Assíria. Segundo textos como Is 18,1-7; 20,1-6; 30,1-3, esta política encontrou a clara oposição de Isaías, que via na ação de Ezequias uma traição à confiança no Senhor. Dito em termos políticos, os círculos proféticos percebiam com realismo que esta tentativa era ilusória.

Em resposta às ações de Ezequias, o rei assírio Senaquerib invade a Judeia em 701 a.C. Os anais do reino assírio, o texto bíblico e os testemunhos arqueológicos nos permitem uma reconstrução bastante precisa desta campanha. Após ter submetido o rei de Tiro, na Fenícia, Senaquerib marcha em direção à costa, na região dos filisteus.

---

59. O texto da inscrição pode ser lido em CIMOSA, M. *L'ambiente storico-culturale delle Scritture ebraiche*. Bolonha: EDB, 2000, p. 307. O texto em português pode ser lido em FINKELSTEIN, I. & SILBERMAN, N. *A Bíblia não tinha razão*. São Paulo: A Girafa, 2003, p. 346 [N.T.].

Enquanto isso, envia embaixadores a Jerusalém para apresentar a possibilidade de rendição. A descida do exército assírio é narrada de modo dramático em 2Rs 18,17-37 e 19,9-13. Não sabemos qual foi a resposta oficial de Ezequias. Além da presença de partidos favoráveis à rendição, o texto bíblico testemunha a existência de grupos que incitavam a resistência. O avanço assírio foi muito rápido e a potência das tropas assírias é ainda hoje apreciável em um célebre entalhe em baixo-relevo, encontrado no palácio de Nínive, exposto hoje no Museu Britânico de Londres. Nessa obra estupenda que ocupa uma parede inteira, podemos observar a tomada da cidade de Laquis por parte do exército assírio, uma das fortificações de Judá (2Rs 19,8). Senaquerib sitiou Jerusalém, fato do qual se vangloriará nos seus anais, afirmando ter preso Ezequias "como um pássaro na gaiola".

Contudo, Senaquerib interrompeu o assédio inesperadamente, retornando a Nínive. Não conhecemos os motivos reais deste gesto: pode-se pensar em uma epidemia no exército assírio; na chegada de um forte contingente de egípcios em socorro de Ezequias; ou até mesmo em motivos políticos internos (provavelmente por volta de 681 Senaquerib será assassinado pelos seus próprios filhos); pode-se ainda pensar no êxito de tratativas que previam um ato de submissão de Ezequias, o qual, de qualquer modo, enviará a Nínive uma grande quantidade de ouro e prata como tributo. Seja como for, o texto bíblico de 2Rs 18,13–19,36 (cf. ainda Is 36–39) interpreta o acontecimento como um sinal claro da ajuda divina a Ezequias: mais uma vez, a Bíblia lê os fatos com chave teológica, dando, deste modo, um juízo positivo sobre Ezequias. Na verdade, ele deixou um reino ainda mais fraco e semidestruído (segundo uma cronologia alternativa plausível, Ezequias morre em 700 a.C., logo ao final da guerra), como a própria arqueologia nos atesta, territorialmente reduzido quase que somente a Jerusalém e seus arredores próximos:

> *A vossa terra está desolada e vossas cidades estão incendiadas, o vosso solo é devorado por estrangeiros sob os vossos olhos, é a desolação como devastação de estrangeiros. A filha de Sião foi deixada só como uma choça em uma vinha, como um telheiro em um pepinal, como uma cidade sitiada* (Is 1,7-8).

5.2 Manassés e Amon (687-640 a.C.)

Com Manassés, filho de Ezequias, dá-se o reinado mais longo de toda a história de Israel: foram 45 anos (ca. de 687 a 642 a.C.), segundo as fontes bíblicas, mais uma vez, as únicas disponíveis a este respeito.

O reino de Manassés coincide com o período de máxima potência do Império Assírio: agora os assírios controlam toda a região que se estende da Síria até o Sinai, da Anatólia até a Arábia. A partir de 671 a.C. o Rei Asaradon e o seu sucessor Assurbanipal chegam inclusive a conquistar o Egito, atingindo assim o apogeu de seu império. Sobre a conquista do Egito pela Assíria temos um eco em Na 3,8-10. O profeta recorda com sarcasmo as vitórias dos assírios, já em decadência quando Naum escrevia, ou seja, na segunda metade do século VII a.C.

> *És, porventura, melhor do que No-Amon*[60],
> *Que está sentada entre os canais do Nilo,*
> *(cercada de águas)*
> *Cujo baluarte é o mar*
> *E cujas muralhas as águas?*
> *A Etiópia era a sua força,*
> *E o Egito também seu limite [...].*
> *Pois também ela foi para o exílio,*
> *Em cativeiro;*
> *Suas crianças foram esmagadas*
> *Nas esquinas de todas as ruas;*
> *Sobre seus nobres lançaram a sorte,*
> *Todos os seus grandes*
> *Foram presos em grilhões* (Na 3,8-10).

Manassés também aparece entre vários vassalos da Assíria: uma inscrição da época no-lo mostra em Nínive, no ano de 667, pagando o tributo anual a Assurbanipal, junto a vinte dois outros reis vassalos. O relato de 2Rs 21,1-18 testemunha novamente o interesse primário do redator deuteronomista: do longo reino de Manassés, recorda-se

---

60. Tebas (ou No-Amon – "Cidade de Amon") no Delta do Nilo foi saqueada pelo exército de Assurbanipal em 663 a.C.

apenas do aspecto religioso. Como sinal de sua submissão à Assíria, Manassés teria introduzido outros cultos ao lado do culto a YHWH. De fato, este aspecto é verossímil se pensarmos que Manassés dificilmente teria subido ao trono sem a aprovação da Assíria e se não se comportasse como um verdadeiro vassalo. Em um dos tratados de vassalagem de Asaradon, cujo texto temos ainda hoje, lê-se que o vassalo deve honrar o deus Assur, reverenciá-lo, amá-lo e respeitá-lo como se fosse seu próprio deus. O texto de 2Rs 21,16, segundo o qual Manassés teria "derramado o sangue inocente em grande quantidade", faz referência, provavelmente, à perseguição de grupos fiéis a YHWH, e talvez até mesmo politicamente hostis a Assíria. É possível perceber referências à dominação assíria no texto de Is 33,18-19 onde os assírios são mencionados como um povo insolente, de língua estranha, que oprime a Judeia. Mas, de outro ponto de vista, poderíamos dizer que Manassés restaurou a situação de pluralismo religioso anterior ao reino de Ezequias.

O interesse teológico sobre o reino de Manassés é ainda mais evidente no texto de 2Cr 33,11-17. Neste, o cronista procura dar uma explicação teológica ao fato de que um rei tão ímpio e apóstata tenha podido reinar por tanto tempo. Manassés, segundo o texto do cronista, teria se convertido na sua velhice, após tentar rebelar-se contra a Babilônia e ter sido deportado. Baseada nesta tradição, historicamente pouco verossímil, surgirá em seguida uma "Oração de Manassés", que compõe a tradução grega da Bíblia conhecida como a Setenta[61], mas ausente tanto do cânon judaico quanto do cristão e catalogada entre os livros apócrifos.

5.3 Josias e a reforma religiosa (640-609 a.C.)

Com o passar destes anos assistimos a uma mudança radical do cenário internacional. A Assíria começa a decair, um processo

61. Cf. mais adiante às p. 154s.

progressivo, mas inexorável, que terminou somente com seu desaparecimento, ameaçada pela nascente potência da Babilônia e pelas incursões dos povos seminômades que viviam nas fronteiras do vasto império. Em 627 a.C. a Babilônia recupera a sua independência e em 612 os babilônicos conquistam Nínive, destruindo assim definitivamente o Império Assírio. Este foi um evento de grande importância, recordado pela Bíblia no Livro de Naum (Na 3,1-7; cf. tb. Sf 2,13-15). A queda da Assíria tem como consequência imediata o renascimento do Egito e, assim, a passagem da Judeia para outro dominador, o faraó. Portanto, politicamente a situação não muda: Israel continua submisso a outra potência, ainda que apenas como vassalo. Deste modo, a autonomia que o reino de Judá goza é apenas relativa, ainda que maior do que a que gozara sob a sombra da Assíria. Documentos provenientes do forte de Mesad Hashavyahu, localizado na costa mediterrânea, próximo a Yavne, parecem atestar, ao menos naquela região, a presença de um posto de guarda egípcio avançado com tropas compostas por mercenários gregos e judeus. Todavia, até mesmo o Egito sairá derrotado no embate contra a nova potência babilônica: o Faraó Necao sofrerá uma grande derrota (605 a.C.) na tentativa de conter a Babilônia na Batalha de Carquemis, na região do Alto Eufrates (próximo à atual fronteira entre Síria e Turquia), consagrando assim a Babilônia como nova grande potência no panorama do Oriente Médio antigo.

É neste contexto histórico que se situa o reino de Josias: o fato de ele ter subido ao trono ainda criança (oito anos) faz pensar obviamente em um longo período de regência.

Esta é ainda a época dos profetas Sofonias e Jeremias e, por volta do final do reino, o início da atividade de Ezequiel. Jeremias, particularmente, afirma ter iniciado a sua atividade profética (Jr 1,1) no décimo terceiro ano do reino de Josias, isto é, em torno do ano 627 a.C.

O texto de 2Rs 22–23 recorda uma importante reforma religiosa (622 a.C.) como o acontecimento principal do reino de Josias. O ponto de partida desta reforma seria a "descoberta" de um "Livro da Lei", no Templo de Jerusalém, o qual no passado foi identificado por muitos estudiosos como o atual Livro do Deuteronômio, mas é bastante improvável que o Deuteronômio possa remontar à época de Josias, ao menos na sua redação final.

Ainda hoje se debate sobre qual seria exatamente este livro e se realmente a "descoberta" narrada no texto de 2Rs teria acontecido. Pode-se pensar que o livro em questão correspondesse à parte central do atual Deuteronômio (Dt 12–26, i. é, o "Código Deuteronômico"), uma seção composta originalmente no tempo de Ezequias e originária provavelmente do reino do Norte. Caída em desuso e esquecida durante o reino de Manassés, foi de fato "redescoberta" durante o reino de Josias e usada por ele como base para a sua reforma político-religiosa. É talvez neste período que se inicia a redação daqueles textos que, durante o exílio ou imediatamente após, confluíram para a assim chamada grande "história deuteronomista", que se estende do Livro de Josué ao Livro dos Juízes, englobando os dois livros de Samuel e os dois livros de Reis.

A reforma religiosa de Josias recorda aquela já vista a propósito de Ezequias, embora seja certamente muito mais radical. Segundo o texto bíblico, o rei se dedicava à eliminação sistemática dos cultos não javistas: incendeia estátuas e altares, destrói santuários e acentua ainda mais o caráter de centralidade que o Templo de Jerusalém já tinha: um só Deus, YHWH, um só povo, um só Templo! O texto de Dt 12–26 reflete esta situação; o texto de 2Rs 23,21-23 nos reporta a importância da celebração pascal no cenário da reforma de Josias. O primeiro período das pregações de Jeremias apresenta alguma relação com esta reforma, mesmo que a verdadeira natureza do relacionamento entre Jeremias e Josias seja um problema em aberto ainda hoje. A reforma deve ter encontrado uma importante resistência e ainda muito tempo após Josias testemunhamos a permanência de lugares de culto israelitas na Judeia, um sinal de que pelo menos parte da população não era muito sensível às exigências de uma fidelidade absoluta ao javismo, tal como queria a reforma de Josias.

O reino de Josias teve um final abrupto: depois de 612, com a Assíria desaparecendo do cenário, o Faraó Necao empreendeu uma campanha contra o norte de Israel, talvez com o intuito de contrastar o avanço babilônico. Provavelmente Josias tenha procurado frustrar os planos do faraó jogando em meio ao contraste entre Egito e Babilônia após a queda da Assíria, ou talvez tenha se iludido sobre a possibilidade de conquistar o mínimo de independência no transformado panorama internacional. A tentativa terminará por falir: o Faraó Necao assassinou Josias em 609, na cidade de Meguido, em circunstâncias pouco claras. Em 2Rs 23,29 lê-se apenas que Josias marchou contra Necao em Meguido, mas este "o matou logo que o encontrou". A reticência desse texto talvez se explique com o fato de que a morte de Josias foi certamente um evento trágico para os promotores da reforma que viam nele um defensor da fé javista. Todavia, a obra do rei, da qual a escola deuteronomista faz-se porta-voz sobreviverá à sua morte e encontrará prosseguimento ideal no período do exílio e logo após seu retorno.

5.4 O fim do reino de Judá

Os últimos anos do reino de Judá se caracterizam por um período de crises e grande confusão. Após a morte de Josias, o partido reformador procurou dar continuidade à política do rei defunto nomeando o filho mais velho de Josias, Joacaz. Este apresentou-se a Necao, que retornava da campanha empreendida no norte da terra de Israel, dando sinais de submissão, mas o faraó o deportou e exilou no Egito, nomeando um rei que lhe aprazia, um outro filho de Josias, Eliacim, mudando seu nome para Joaquim.

Segundo o relato de 2Rs 23,36–24,7, Joaquim (609-598 a.C.) foi um personagem fraco e tirânico, aliado ao faraó que lhe tinha posto no poder. Um dos seus empreendimentos foi a instituição de uma nova reforma tributária em um país já acometido duramente pela pobreza (cf. 2Rs 23,35). O Livro de Jeremias insiste nos embates que o profeta teria tido com esse rei. Foi no início do reinado de Joaquim que Jeremias teria proferido o seu famoso discurso contra a confiança quase mágica que os israelitas depositaram no seu Templo, símbolo da proteção divina sobre a cidade (Jr 7 e 26). Por trás desta tomada de posição deve-se observar ainda a crítica do profeta contra a política pró-egípcia do rei, crítica esta que adquire tons muito explícitos em textos como Jr 22,13-17 e sobretudo 36,27-31:

> *Contra Joaquim, rei de Judá, dirás: [...] assim disse* Iahweh *contra Joaquim, rei de Judá. Ele não terá mais ninguém para sentar-se no trono de Davi, e seu cadáver ficará exposto ao calor do dia e ao frio da noite. Eu castigarei nele, na sua descendência e nos seus servos as suas faltas...*

À luz destas palavras, a reação do rei que prende o profeta é certamente bem compreensível. Um caso análogo é o do assassinato do Profeta Urias, recordado em Jr 26,20-23.

O posicionamento de Jeremias é determinado por motivos religiosos, mas também políticos. Ele se faz porta-voz de um partido pró-babilônico, mas, na verdade, é atento a um realismo político que via a submissão à Babilônia como um mal menor para o pequeno reino de Judá e a rebelião como o prelúdio de uma destruição inevitável. Contudo, é claro que esta posição pode ser vista como colaboracionismo. De fato, após a morte de Sedecias, Jeremias será tratado pelos babilônicos como um amigo (Jr 39,11-14; 40,1-6).

Em 605 a.C. o Faraó Necao sofreu, como já dito, uma grave derrota na Batalha de Carquemis, próxima ao Eufrates, contra o rei babilônico Nabucodonosor. Toda a região siro-palestina e, portanto, também o reino de Judá, caem sob o domínio babilônico. No entanto, Nabucodonosor não pôde desfrutar plenamente o sucesso obtido, por conta de desordens internas no seu reino, e se contentou em receber de Joaquim, que neste ínterim tinha rapidamente mudado de lado, o costumeiro tributo. Em 601, contudo, o Egito conseguiu impedir e vencer, ou pelo menos conter, o avanço do exército babilônico. Joaquim tentou mais uma vez aproveitar-se da situação e retomar a aliança com o Egito, mas, desta vez, Judá será apenas um joguete em uma disputa muito mais significativa.

Para reprimir aquela que considera a revolta de um pequeno vassalo, Nabucodonosor marcha contra Jerusalém em 589 a.C. e a cerca. O episódio narrado em 2Rs 24,10-17 é apresentado também pelas *Crônicas babilônicas*:

> O ano 7 do mês de *Kislew* o rei de Akkad moveu seu exército na terra de Hatti, montou cerco contra a cidade de Judá e, no segundo dia do mês de Adar, tomou a cidade e fez o rei prisioneiro. Colocou ali um rei que lhe aprazia, tomou um grande butim e o enviou à Babilônia[62].

Durante o cerco, o Rei Joaquim morre e seu filho Joaquin rende-se e é imediatamente exilado na Babilônia onde será tratado mais propriamente como hóspede do que como prisioneiro[63]. Junto a ele, milhares de pessoas foram exiladas, em grande parte membros das classes dirigentes, nobres e sacerdotes, entre os quais também o Profeta Ezequiel: trata-se de uma primeira deportação. Como as *Crônicas babilônicas* nos apresentam, em sintonia com o texto de 2Rs 24,17, Nabucodonosor nomeou um rei aliado, um outro filho de Josias, a quem deu o nome de Sedecias, que será o último rei de um reino de Judá independente.

A política comprometedora e vacilante de Sedecias é noticiada em Jr 32–38. A Judeia encontra-se mais do que nunca a um passo da ruína e o profeta denuncia a irresponsabilidade daqueles que pretenderiam

---

62. As datas correspondem a dezembro-janeiro de 598-597 a.C. e a 15 ou 16 de março de 597. O rei de Akkad é Nabucodonosor e a "cidade de Judá" é Jerusalém; o "rei que lhe aprazia" é Sedecias. Cf. CIMOSA, M. *L'ambiente storico-culturale*, p. 319-321.

63. Possuímos as assim chamadas "Crônicas Weidner", textos babilônicos um dos quais é datável em 592, e menciona Joaquin na corte Babilônica como "rei de Judá", ou "filho do rei (vassalo) de Judá", i. é, Sedecias.

melhorar a situação, ora aliando-se ao Egito, ora à Babilônia, conforme um hábito de certa forma já consolidado, mas que, como se sabe, levará à falência. Talvez incentivado pelo Egito que, com o sucessor de Necao, Psamético II, procurava uma revanche contra a Babilônia, Sedecias se rebela duas vezes contra Nabucodonosor: em 594/593 tenta formar uma primeira coalizão antibabilônica e em 589/588 firma uma ilusória aliança com o Egito.

Em 587 a.C., Nabucodonosor retorna à Judeia para reprimir essa nova revolta e sitia pela segunda vez a cidade de Jerusalém. Entre os restos incendiados de Laquis, uma das últimas cidades israelitas a cair (cf. Jr 34,7), foram encontradas algumas cartas escritas em cacos de cerâmica, achados emocionantes que testemunham de modo dramático o avanço incontrolável do exército babilônico. Após dois anos de assédio, Jerusalém é tomada pela fome e, assim, conquistada. Estamos em junho/julho de 587:

> *No quarto mês, no nono dia do mês, a fome dominou na cidade e não havia pão para o povo da terra. E uma brecha foi aberta na muralha da cidade* (Jr 52,6-7).

Tudo isso acontece sem que se possa notar, durante este período, qualquer tipo de intervenção da parte dos aliados egípcios (Jr 37,5.11; Lm 4,17). Sedecias procura fugir da cidade sitiada, mas é capturado e lhe é reservada a sorte de um vassalo rebelde: Nabucodonosor massacra a sua família inteira, vaza seus olhos e o conduz preso à Babilônia (Jr 39,1-10; 2Rs 25,1-7). A cidade foi saqueada, o Templo de Salomão destruído e grande parte da população foi exilada:

> *Judá foi desterrada, humilhada, submetida a dura servidão* (Lm 1,3)[64].

---

64. O Livro das Lamentações é constituído por cinco poemas que têm como centro a dor e a destruição de Jerusalém, devida, segundo o autor, ao pecado do povo ao qual se contrapõe, contudo, a esperança no perdão divino (cf., p. ex., Lm 5). O texto, composto pouco tempo após os fatos, provavelmente por alguém que foi testemunha direta, ajuda a compreender com clareza o estado de ânimo dos habitantes da Judeia diante desta terrível catástrofe nacional.

5.5 Sacerdócio e profetismo

Além da monarquia, são bem conhecidas entre as instituições do Antigo Testamento a instituição sacerdotal e a figura dos profetas. Ambas adquirem notável importância durante o período monárquico[65].

Antes do advento da monarquia não havia em Israel uma instituição sacerdotal bem delineada. No Livro do Gênesis, as tradições patriarcais nos apresentam os diversos personagens, Abraão, Isaac e Jacó que exercem funções de culto como, por exemplo, oferecer sacrifícios (Gn 22; 31,54; 46,1). Ainda no período dos juízes fala-se dos sacerdotes apenas ocasionalmente em relação a santuários locais (Jz 17,5-12); parece, inclusive, que não existia um rito religioso particular de "ordenação". Portanto, o sacerdote era uma pessoa escolhida para o serviço em um determinado santuário, do qual tornava-se o guardião. Neste primeiro período da história de Israel, uma das suas funções principais parece ser a de pronunciar oráculos em nome do Senhor. As tradições do Pentateuco falam de um costume descrito como "procurar" o Senhor (Ex 33,7), isto é, consultar o sacerdote para conhecer a vontade de Deus. Dt 33,8 e outros textos afirmam que o sacerdote proclamava a decisão divina tirando a sorte por meio de objetos sagrados, os *urim* e os *tummim*, dos quais desconhecemos as particularidades.

65. A este propósito pode-se consultar DE VAUX, R. *Istituzioni dell'Antico Testamento*. Op. cit., p. 342-378.

A partir da época monárquica a função oracular dos sacerdotes vai se tornando cada vez menos relevante, cedendo lugar à função de ensinar. O texto de Dt 33,10 confia aos sacerdotes o encardo de "ensinar" o *tôrôt* (plural de *tôrah* = lei), ou seja, as "instruções" ao povo (Mq 3,11; Jr 18,18; Ez 7,26). A acusação dos profetas contra os sacerdotes que traíram a Lei que deveriam ensinar reflete bem a importância desse dever que, ao que parece, depois do exílio se tornará encargo dos levitas e em seguida dos escribas e dos doutores da Lei (cf. em seguida).

Na época monárquica o principal dever dos sacerdotes será oferecer sacrifícios: Saul, Davi e Salomão exerciam esta função que, como se disse, inicialmente não era uma prerrogativa exclusivamente sacerdotal. Assim, o sacrifício da vítima, no caso dos sacrifícios que envolviam derramamento de sangue, era feito pelo próprio devoto que o oferecia ou pelo clero inferior, mesmo em épocas posteriores. Ao contrário, competirá ao sacerdote, pelo menos a partir do século VIII a.C., o privilégio da oferta da vítima, em particular a oferta do sangue e a do incenso, gestos que o colocam em contato direto com o altar. Neste sentido, o sacerdote é considerado um mediador entre Deus e o ser humano.

Por volta do fim da monarquia, a começar pelos textos de Ezequiel, a distinção entre sacerdotes e levitas se tornará cada vez mais explícita (Ez 44,6-31). Após o exílio, estes últimos se constituirão claramente como um segundo grau do sacerdócio.

Em época monárquica, uma característica fundamental do sacerdócio será a subordinação ao poder real. Tanto o Templo de Jerusalém como os santuários do Norte eram santuários do rei e o sacerdote era um funcionário deste. Em Am 7,10-13 o sacerdote Amazias contesta ao Profeta Amós o direito de falar no "santuário do rei e no Templo do reino". Em 1Rs 4,2 e 2Rs 12,5-7 podem-se ver exemplos relativos ao controle exercido pelo rei sobre os sacerdotes. A própria figura do "sumo sacerdote", pelo que se percebe no reino de Judá, não devia ter grande importância e, de qualquer modo, aparece como muito inferior ao rei, pelo menos até a época do exílio.

Ao lado do sacerdócio aparece uma outra instituição, a profética[66]. A polêmica de profetas como Isaías e Jeremias contra a classe sacerdotal fez pensar que entre o sacerdócio e o profetismo houvesse uma oposição radical. Na realidade, temos textos, como o entusiástico 1Rs 22, que testemunham a existência de grupos proféticos ligados à monarquia, os "profetas de culto" que o rei consultava antes de tomar qualquer decisão importante. Parece, então, que o dever da emissão dos oráculos tivesse passado aos profetas, o que era próprio dos sacerdotes em épocas pré-monárquicas.

É extremamente difícil descrever as relações existentes entre estes profetas de corte e os profetas dos quais conservamos os escritos. Os textos de Mq 3,5.11, Jr 23,16-17.25.28, e ainda outros escritos, lançam acusações contra estas pessoas consideradas "falsos profetas", profissionais que agiam por dinheiro.

O que iguala os profetas escritores é a consciência da própria vocação, a consciência de anunciar uma mensagem que não é sua, mas divina, recebida e proclamada ainda que contra a própria vontade (cf. Jr 20,7-9). Além disso, os profetas pré-exílicos se caracterizam pela fé inabalável em YHWH e na relação privilegiada que Ele mantém com Israel; os profetas se apresentam como intérpretes autênticos da palavra de YHWH na história dos homens, anunciadores, ao mesmo tempo, de condenações e esperanças. A infidelidade do povo, de modo particular, transforma a mensagem profética em anúncio do juízo divino sobre a história.

Os profetas não são propriamente hostis à monarquia em si (é o caso de Amós e Oseias), eles o são apenas quando o rei se afasta da fidelidade a Deus. Portanto, não se pode falar dos profetas simplesmente como agitadores políticos, como se fez no passado. Deve-se pensar, em contrapartida, em homens profundamente interessados pela história do seu tempo, que julgavam com base na "Palavra de Deus" que afirmam ter recebido. Neste sentido, os profetas se constituem como uma espécie de "consciência crítica" da monarquia e de todo o povo de Israel.

---

66. Cf. BLENKINSOPP, J. *Storia della profezia in Israele*. Bréscia: Queriniana, 1997.

6
SOB O IMPÉRIO PERSA

E digo a Ciro: "Meu pastor".
Ele cumprirá toda a minha vontade,
Dizendo a Jerusalém: "Tu serás reconstruída",
E ao Templo: "Tu serás restabelecido"
(Is 44,28).

6.1 A Judeia durante o exílio

Os resultados imediatos da derrubada de Jerusalém são muito claros: o Livro das Lamentações descreve de modo extremamente dramático a situação de destruição e abandono de Jerusalém após a invasão babilônica e a deportação. A arqueologia, por sua vez, testemunha a destruição quase que completa de muitas cidades (são particularmente conhecidos os casos de Laquis[67] e Arad).

Na Judeia, depois das duas deportações, restam apenas as classes mais pobres da população: se dermos crédito ao texto de 2Rs 25,12 eram apenas "viticultores e agricultores", ou seja, as classes sociais mais baixas. De qualquer modo, a economia estava reduzida a pura e simples economia de subsistência. Contudo, o comportamento dos babilônicos foi diferente daquele mais severo que os assírios adotaram em relação ao reino do Norte, um século e meio antes. De

67. Para conhecer algumas das interessantíssimas *ostraka* encontradas nas escavações de Laquis, cf. CIMOSA, M. *L'ambiente storico-culturale delle Scritture ebraiche*. Bolonha: EDB, 2000, p. 322-323.

fato, a população não foi deportada por completo e, sobretudo, não parece que os babilônicos tenham promovido novos assentamentos de populações estrangeiras no território de Judá, tal como fizeram os assírios no caso da Samaria.

As autoridades da Babilônia, apoiadas pelo partido pró-babilônico do qual o próprio Profeta Jeremias era um representante, como vimos, nomeiam uma espécie de vice-rei do deportado Joaquin, certo Godolias. Na verdade, não sabemos qual era exatamente a posição de Godolias: um selo encontrado com o seu nome o define como "aquele que (está) no palácio", algo que nos faz pensar em uma espécie de governador-geral, representante de Nabucodonosor na Judeia ou, talvez, alguém que fizesse a função de Joaquin o qual, mesmo que exilado, tinha seu cargo de rei da Judeia reconhecido pelos babilônicos. De qualquer modo, Godolias preocupa-se de imediato em colocar em ação um plano de reconstrução e de normalização, uma tentativa de salvar o que era possível, apoiado, outra vez, pelo Profeta Jeremias que, em várias ocasiões, convida os habitantes de Jerusalém a submeterem-se ao rei da Babilônia, reconhecendo assim a autoridade de Godolias (Jr 40,10-12).

No entanto, a tentativa de Godolias foi frustrada graças à revolta de um oficial israelita, um certo Ismael, descendente da família de Davi, comandante de alguns contingentes militares debandados que sobreviveram à invasão babilônica. Ele talvez pensasse em restaurar a monarquia e assassinou Godolias. Mas a situação já estava demasiadamente comprometida para uma tentativa dessa ordem. Em seguida, a Babilônia tomou medidas repressivas (o texto de Jr 52,30 parece falar de uma terceira deportação de 745 pessoas) que obrigaram os rebeldes a fugir. Com esses, muitos outros chefes militares, temendo a reação babilônica, fugiram para o Egito levando consigo o Profeta Jeremias que tinha se recusado a apoiar a tentativa de rebelião, talvez reconhecendo a sua inutilidade (Jr 42–43). Com a morte de Godolias, a Judeia torna-se uma simples província do Império Babilônico, administrada pelas autoridades residentes na Samaria e progressivamente ocupada pelos edomitas na sua parte meridional, perdendo até mesmo a última aparência de autonomia.

O Templo de Jerusalém foi destruído e a maior parte dos sacerdotes, exilada, mas isto não significa necessariamente o fim do culto israelita, que de certo modo deve ter continuado em Judá mesmo durante o exílio. Todavia, o eixo da espiritualidade de Israel se desloca para a Babilônia e a catástrofe natural torna-se motivo de profunda reflexão teológica. Os profetas tinham estabelecido uma estreita equivalência entre a sorte do povo e a fidelidade a Deus, de tal modo que a ruína de Jerusalém pode ser lida como punição pelas repetidas infidelidades de Israel:

> *Vós vistes toda a desgraça que fiz vir sobre Jerusalém e sobre todas as cidades de Judá: ei-las hoje em ruínas e sem habitantes! Foi por causa da maldade que cometeram para me irritarem. [...] Então minha fúria e minha cólera transbordaram e abrasaram as cidades de Judá e as ruas de Jerusalém, que se tornaram ruína e solidão, como hoje* (Jr 44,2-6).

Frente a esta situação desesperadora os próprios exilados não perderam a esperança: estes começam a considerar a si mesmos como a parte escolhida do povo, aquele "resto" do qual falam os profetas, que terá a tarefa de reconstruir Israel.

6.2 A situação dos exilados

O exílio babilônico dá continuidade ao movimento de dispersão dos israelitas fora de Israel iniciado já a partir da deportação assíria de 721 a.C. Além disso, grupos de israelitas já haviam se estabelecido no Egito há mais tempo, constituindo ali uma comunidade florescente. Contudo, a deportação babilônica constitui-se como um acontecimento de grande importância. Textos como 2Rs 24,14.16 noticiam um número total que se aproxima de dez mil pessoas (ainda que o texto de Jr 52,28-30 apresente cifras diferentes). Trata-se, portanto, de um número bastante considerável. Todas estas pessoas foram agrupadas em vilas próximas à Babilônia, como aquela recordada por Ez 3,15 e chamada Tel Abib, a "colina da primavera".

Não se deve pensar nestes grupos de exilados como se fossem todos escravos. Jr 29 contém a carta que o profeta teria escrito aos deportados para encorajar-lhes e testemunha como estes gozavam de relativa liberdade, pelo menos a liberdade de trabalhar, conservar as próprias tradições, adquirir casas e terrenos, continuar a reunir-se celebrando as próprias festas e os próprios costumes religiosos. Um século depois do exílio, a posição de alguns deportados devia ser realmente muito boa: os arquivos da família *Murashû*, uma espécie de banco em Nippur, na Mesopotâmia, que remete aos anos 450-400 a.C., testemunham que alguns ricos proprietários locais eram de origem judaica, como talvez fosse o próprio fundador do "banco" dos Egibi, ativo nos anos do exílio. O Livro de Esdras (2,68-69) é um testemunho posterior dessa situação de bem-estar. O próprio Rei Joaquin, exilado já na primeira deportação, foi contemplado, provavelmente por volta de 561-560 a.C., e tratado com benevolência pelo rei babilônico Evil-Merodac. O Segundo Livro dos Reis encerra propriamente com a graça concedida a Joaquin, sinal de esperança para o futuro (2Rs 25,27-30); a monarquia davídica ainda não terminara. Portanto, a situação dos exilados não era insuportável.

6.3 O desenvolvimento do pensamento hebraico e da sua teologia durante o exílio

O século VI configura aquela que M. Liverani define como "idade axial", um século de grande mudança não apenas para Israel, mas para grande parte do mundo antigo (cf. Confúcio, Buda, Zoroastro, o nascimento da filosofia grega)[68]. Em particular, emerge a importância

68. Cf. LIVERANI, M. *Oltre la Bibbia*. Op. cit., p. 223-234.

da racionalidade e o consequente nascimento de uma religião ética que, para Israel, se traduz na afirmação de um monoteísmo ético (cf. abaixo). Além disso, este movimento cultural global coincide, para Israel, com o exílio babilônico que, ao invés de destruir o povo, o leva a um surpreendente desenvolvimento do pensamento.

Nos anos do exílio, entre 593 e 571 a.C., situa-se a obra do Profeta Ezequiel, sacerdote de Jerusalém, exilado com a primeira leva de deportados. Assim como Jeremias que já havia trazido à tona com lucidez o problema do sofrimento e da justiça de Deus (cf. Jr 12,1-6), também Ezequiel afronta o problema da responsabilidade pessoal diante de Deus (cf. Ez 18,1-4), inaugurando uma importante reflexão sobre o espinhoso problema da retribuição. O exílio foi provocado pela infidelidade dos israelitas, particularmente pela sua infidelidade religiosa. Ao mesmo tempo, Ezequiel anuncia uma mensagem de esperança. Na perspectiva profética, o retorno é condicionado a uma fidelidade renovada a YHWH que, se considerada a infidelidade precedente do povo, se dará apenas como um dom do próprio Deus:

> *Quando eu vos tomar dentre as nações e vos reunir de todas as terras, reconduzindo-vos à vossa terra. Borrifarei água sobre vós e ficareis purificados; sim, purificar-vos-ei de todas as vossas imundícies e de todos os vossos ídolos imundos. Dar-vos-ei um coração novo, porei no vosso íntimo um espírito novo, tirarei do vosso peito o coração de pedra e vos darei um coração de carne. Porei no vosso íntimo o meu espírito e farei com que andeis de acordo com os meus estatutos e guardeis as minhas normas e as pratiqueis. Então habitareis na terra que dei a vossos pais: sereis o meu povo e eu serei o vosso Deus* (Ez 36,24-28).

O Livro de Ezequiel é aberto com a visão da glória de Deus (cap. 1) e é fechado com a visão ideal da nova Jerusalém e do novo Templo, como esse deverá ser após o exílio (Ez 40–48). A história é, então, vista com os olhos de um visionário e o futuro não poderá ser simplesmente uma restauração do passado.

Um outro grande profeta do exílio foi chamado pelos modernos de "Segundo Isaías", ou "Dêutero-Isaías": trata-se do provável autor da seção do Livro de Isaías que contempla os capítulos 40–55, que teria composto a sua obra logo após o advento de Ciro o Grande, a partir de 550 a.C. Ele abre o seu livro anunciando com alegria o fim do exílio:

> *Consolai, consolai o meu povo,*
> *diz o vosso Deus.*
> *falai ao coração de Jerusalém e dizei-lhe em alta voz*
> *que o vosso serviço está cumprido* (Is 40,1-2).

A pregação de Ezequiel e a do assim chamado Segundo Isaías nos permitem compreender o valor teológico que o exílio da Babilônia adquire para Israel. O fato de encontrarem-se em um país estrangeiro, expostos ao perigo de assumir seus costumes, especialmente os religiosos, leva os exilados a reforçar os laços internos com o povo judaico. Esse é o período no qual costumes como a circuncisão, a observância do sábado e as leis de pureza ritual, assumem uma relevância muito particular, como sinais definitivos de pertença ao povo de Israel. Isso é evidente em textos como Gn 2,1-4a; 17 e todo o Livro do Levítico, textos que remetem à época exílica e de matriz sacerdotal. A atmosfera triste e nostálgica, mas ao mesmo tempo fortemente nacionalista e plena de esperança no futuro, é claramente refletida no célebre e ao mesmo tempo duro Salmo 137, "*junto aos rios da Babilônia*".

Neste sentido, o exílio pode ser considerado uma etapa fundamental na vida de Israel: a experiência da destruição do Templo, da deportação e da catástrofe nacional poderia ter conduzido ao fim do hebraísmo. A assim chamada "história deuteronomista" (Js–2Rs), teve o início provável de sua composição na época de Josias, como já visto, mas foi completada propriamente em época exílica, ou talvez até no início do período persa. O historiógrafo deuteronomista relê toda a história de Israel à luz da ideia de "pacto" ou "aliança" como a história da fidelidade de Deus e da infidelidade do povo. Assim, mesmo durante o exílio, o povo pôde continuar a esperar, não obstante as suas culpas, conforme o redator deuteronomista se expressa na grande oração colocada na boca do Rei Salomão no momento da consagração do Templo, já destruído no momento em que o texto de 1Rs foi completado (1Rs 8,46-51).

A obra de reflexão dos exilados deve ter se condensado nestes anos em uma outra série de textos, aquela que hoje se conhece como a tradição sacerdotal do Pentateuco: os sacerdotes hebreus, uma vez tornados os guias espirituais do povo no exílio, iniciam a escrever uma seleção das mais antigas tradições do passado de Israel, da criação do mundo ao caminho no deserto, relendo-as à luz da sua situação de exilados. O passado torna-se ao mesmo tempo modelo para o presente e sinal de esperança para o futuro: é com esta chave que devem ser lidos muitos dos textos do Pentateuco que têm a redação sacerdotal como base mais importante[69]. Com a tradição sacerdotal, ao tema da Lei e da aliança, típicos da tradição deuteronomista, se soma a grande importância dada às leis de pureza (cf., p. ex., o texto imediatamente pós-exílico de Lv 17–26, o assim chamado "código de santidade").

Outro aspecto que caracteriza o período do exílio é o contato direto que os israelitas têm com a cultura e a religião babilônica. O influxo deste contato se sentirá já na língua: o hebraico vai aos poucos sendo abandonado e dando lugar ao aramaico, a língua internacional da

69. Também neste caso não entramos no mérito dos detalhes relativos aos aspectos histórico-literários da tradição sacerdotal, comumente indicada com a letra "P" (do alemão *Priesterkodex* = "código sacerdotal"). Considera-se que tenha havido uma primeira redação sacerdotal durante o exílio e ao menos uma sucessiva releitura após o retorno. Remeto ao texto de SKA, J.L. *Introduzione alla lettura del Pentateuco*: Chiavi per l'interpretazione dei primi cinque libri della Bibbia. 7. ed. Bolonha: EDB, 2006 [N.T.: trad. bras. SKA, J.L. *Introdução à leitura do Pentateuco*: chaves para a interpretação dos cinco primeiros livros da Bíblia. São Paulo: Loyola, 2003].

época. A tradição sacerdotal pretende responder também a este problema: pode-se recordar como exemplo particular que Gn 1, o poema sobre a criação, foi escrito também como resposta aos mitos babilônicos sobre a origem do mundo. Vale notar ainda que é durante o exílio que a tendência ao monoteísmo, já forte durante a reforma de Josias, se firma de maneira definitiva. Frente às religiões dos conquistadores, Israel passa da monolatria (o culto a um só Deus) e do enoteísmo (existem vários deuses, mas apenas um é por nós) a um monoteísmo convicto, que assume traços éticos sempre mais marcantes. Veja-se, por exemplo, o célebre texto de Dt 6,4-5, onde a fé de Israel é estritamente conectada com o amor devido a Deus. O Segundo Isaías, especialmente, insiste com grande clareza sobre a unicidade de YHWH e sobre a sua absoluta superioridade a qualquer outro falso deus:

> *Assim diz* Iahweh, *o rei de Israel,*
> Iahweh *dos exércitos, o seu redentor:*
> *Eu sou o primeiro e o último,*
> *Fora de mim não há Deus* (Is 44,6; cf. 43,10-12; 45,5).

Também neste caso o exílio demarca uma etapa fundamental da história de Israel.

6.4 O retorno a Jerusalém

Entre os anos 559 e 539 a.C. ocorre uma nova e importante mudança no panorama internacional. Nabônides se torna rei da Babilônia, um soberano de certo modo indiferente aos problemas ligados ao governo da nação.

Provavelmente, a nossa história tem origem em um problema de caráter religioso: Nabônides prefere dedicar-se ao culto à deusa lunar Sin, conquistando a inimizade dos poderosos sacerdotes de Marduk, o deus nacional da Babilônia, e renuncia ao governo efetivo da cidade, onde deixa o filho Belsharuçur, o Baltassar, protagonista dos relatos de Dn 5.

Neste período nasce uma nova potência, a dos medos, que começa a ameaçar a Babilônia. Os medos viviam a leste do Eufrates, mais ou menos na atual parte ocidental do Irã e em outros tempos tinham sido aliados da Babilônia nas campanhas contra a Assíria. O Rei Nabônides pensou poder conter a ascensão dos medos aliando-se ao rei persa Ciro II, chamado o Grande. Este, por sua vez, derrotou efetivamente Astíages, rei medo, tomando posse do seu reino (550 a.C.). Contudo, fortalecido por esta vitória, Ciro continuou sua política expansionista conquistando, quatro anos mais tarde, também o reino da Lídia, do célebre Creso, e ameaçando efetivamente as cidades gregas da Ásia Menor. Assim, de aliado, Ciro tornou-se uma ameaça constante para a Babilônia: em 539 derrotou Nabônides, que foi obrigado a fugir, e entrou na Babilônia. Surpreendentemente, Ciro não se considera um conquistador, mas um libertador. De fato, o governo de Nabônides tinha encontrado fortes opositores internos, além da oposição tenaz dos sacerdotes de Marduk. Por isso, Ciro pôde autoproclamar-se enviado de Marduk para restaurar o culto.

Ao mesmo tempo, ousadamente o Segundo Isaías apresenta o rei persa como o libertador, o "messias", o consagrado de Deus para salvar o povo de Israel do exílio:

> *Assim diz* Iahweh *ao seu ungido,*
> *a Ciro que tomei pela destra,*
> *a fim de subjugar a ele nações*
> *e desarmar reis,*
> *a fim de abrir portas diante dele,*
> *a fim de que os portões não sejam fechados [...].*
> *Foi por causa do meu servo Jacó,*
> *por causa de Israel, o meu escolhido,*
> *Que eu te chamei pelo teu nome,*
> *e te dei um nome ilustre, embora não me conhecesses*
> (Is 45,1-7).

Depois da conquista da Babilônia, o novo Império Persa será o mais vasto do Antigo Oriente, estendendo-se do Rio Indo ao Mar Egeu e do Egito aos montes do Cáucaso. Com Ciro inaugura-se uma nova fase política: ao invés de um governo despótico e ditatorial ele permite aos vários exilados presentes na Babilônia, resultado de muitas conquistas do extinto Império Babilônico, que retornem às suas pátrias, restaurem suas cidades e templos, mantenham ou recuperem as próprias tradições religiosas onde foram interrompidas.

Este tipo de comportamento revela um projeto global de Ciro que usa a arma da propaganda de modo eficaz, apresentando-se como libertador, tanto religioso, restaurando o culto a Marduk, quanto econômico, dando uma nova vida ao comércio e às trocas, antes inseguros pelas múltiplas guerras, e ainda se pondo ao lado daqueles povos antes humilhados pelos babilônicos, restituindo-lhes seus deuses e territórios, obtendo assim o seu apoio.

Temos à disposição o texto que pode ser considerado o seu documento programático, conservado no conhecido "cilindro de Ciro":

> Marduk examinou todos os países de modo cuidadoso à procura de um príncipe reto, conforme o seu coração. Tomou Ciro, rei de Anshan, pela mão, o separou e pronunciou seu nome para que exercitasse o domínio sobre o mundo todo [...].
>
> Eu sou Ciro, rei do universo, rei grande, rei forte, rei da Babilônia, rei do país de Sumer e Akkad [...].
>
> Quando eu entrei pacificamente na Babilônia estabeleci a sede real no palácio do príncipe na alegria e no júbilo. Marduk, o grande Senhor, adquiriu para si em mim um coração grande que ama a Babilônia e eu todos os dias faço com que ele seja temido. As minhas incontáveis tropas avançaram em paz nos países da Babilônia; em todo o país de Sumer e Akkad não permiti que existisse alguém que amedrontasse; vigiei sem interrupção pelo bem-estar da Babilônia e de todos os lugares santos [...].
>
> Das cidades de Nínive, de Assur [...], localidades sagradas para além do Tigre, das quais a sede está fundada desde sempre, eu recoloquei em seus devidos lugares os deuses que ali tinham habitado e fiz com que estes deuses habitassem uma morada eterna; reuni todas as populações e as reconduzi aos seus lugares...[70]

---

70. O texto completo pode ser lido em *L'Antico Testamento e le culture del tempo*. Op. cit., p. 212-213.

É difícil estabelecer quanto da política de Ciro fosse ditada por motivações humanitárias e quanto, de certo modo, por motivações de conveniência política: a tolerância, especialmente no plano religioso, foi-lhe mais útil que a força de seus exércitos. No Livro de Esdras o decreto de Ciro é visto como direito explícito aos hebreus (Esd 1,1-4; 6,1-12)[71], muito embora o cilindro de Ciro não faça menção nem aos hebreus, tampouco a outro povo em particular para além do Eufrates: o retorno a Jerusalém é compreendido como um privilégio particular concedido aos israelitas, mais do que um ato que remeta a um plano imperial mais vasto.

Depois dessa grande mudança de cenário, após 538 a.C., um pequeno grupo de exilados retorna à sua pátria guiado por certo Sasabassar (Esd 1,8). Não se sabe ao certo quem era este personagem nem qual função exercia, pode-se pensar que fosse israelita, membro da família real encarregado por Ciro de assistir um pequeno grupo de exilados com a tarefa de reconstruir o Templo de Jerusalém, segundo a política adotada pelo imperador. O número dos repatriados não devia ser muito grande, pelo menos é o que se observa nas listas de Esd 2 e Ne 7, ainda que se tratem de duas fontes diferentes. O historiador hebraico Flávio Josefo afirmará mais tarde que grande parte dos hebreus preferiu ficar na Babilônia para não deixar as posições que já haviam conquistado.

Teologicamente, os exilados consideram-se como o "resto de Israel", os reais depositários dos verdadeiros valores do hebraísmo. Alguns autores recentes (M. Liverani, I. Finkelstein) chegam a falar

71. Segundo esses textos, seria uma cópia da carta de Ciro que autoriza explicitamente os exilados a reconstruírem o Templo de Jerusalém. A carta é transmitida em aramaico, a língua internacional da época, na qual parte do livro de Esdras foi escrita. A autenticidade desses textos é polêmica: particularmente, parece estranho que Ciro tenha se ocupado dos judeus já no primeiro ano de seu reinado, como recorda Esd 1,1. Todavia, pode-se pensar na existência de formulários já prontos para os vários decretos promulgados por Ciro e para os diversos grupos étnicos, decretos estes que o autor de Esdras poderia ter conhecido e readaptado à situação dos hebreus. Os textos de Esd 1,2-4 e 6,3-5, contudo, não devem ser considerados como completamente inventados, mesmo que a sua redação deva ser datada de ao menos um século e meio depois dos fatos.

deste "resto" como os responsáveis pela invenção das grandes histórias relativas ao passado de Israel, mas que, contrariamente ao que pensam esses autores, tiveram suas raízes em períodos já bem anteriores ao exílio. Somente em 515 a.C. o Templo foi novamente consagrado, após, inclusive, a pregação de Ageu e Zacarias e o apogeu do império. A terceira parte do Livro de Isaías (56–66) se refere verossimilmente a esta época de dificuldades referentes à construção do Templo e à reconstituição da sociedade israelita após o retorno do exílio. Provavelmente, já estamos durante o reinado de Cambisés, sucessor de Ciro (529-522 a.C.).

O sucessor de Cambisés foi Dario (522-485 a.C.), outra figura importante para a história da época: ele conseguiu pôr fim às revoltas e às desordens que tinham se desencadeado sob seu predecessor e empreendeu uma completa reforma administrativa no vasto império que se refletirá também sobre a Judeia. Nesta, dando continuidade à política de Ciro, Dario nomeia governador um certo Zorobabel, israelita da família de Davi a quem é conjugada a autoridade religiosa do sumo sacerdote Josué, de estirpe sadocita. Em Ag 2,20-23 e Zc 6,9-14 fala-se de Zorobabel em termos quase que messiânicos: o Profeta Ageu anuncia a vinda do Reino de Deus, baseado exatamente nessas esperanças messiânicas. De qualquer modo, a esperança da restauração da monarquia davídica parece não ter desaparecido por completo.

O momento histórico no qual este anúncio é feito coincide com a morte de Cambisés, seguida da luta pela sucessão da qual Dario sairá vencedor. Talvez tenham sido as esperanças jamais esvanecidas de restaurar a monarquia davídica, esperanças estas depositadas sobre Zorobabel, que fizeram com que Dario o retirasse repentinamente de cena. A autoridade política não desapareceu, já que no lugar de Zorobabel haverá sempre um governador, representante do rei persa. Contudo, aos olhos dos israelitas a verdadeira autoridade será a religiosa: é deste momento em diante que o poder do sumo sacerdote passa a ser mais importante, caracterizando a vida da comunidade judaica, sempre mais ligada à sua fé e à observância do culto.

Nos anos do sucessor de Dario, o Rei Xerxes (485-465 a.C.), o Império Persa entra em uma fase de crise. O próprio Dario já fora derrotado na campanha contra a Grécia (a famosa Batalha de Maratona) e, depois dele, também Xerxes foi derrotado pelos gregos na batalha marítima de Salamina e na batalha terrestre de Platea. As tentativas persas de submeter a Grécia faliram enquanto o Egito, por sua vez, procurava retomar sua independência perdida.

Nós ignoramos por completo o que se passa nesses anos na pequena província persa da Judeia, que provavelmente não tinha mais do que cinquenta mil habitantes. Nem mesmo os textos bíblicos nos ajudam. Talvez tenha sido neste período que surgiu em Israel uma visão mais universalista, mais aberta aos outros povos. A terceira parte do Livro de Isaías (os já mencionados cap. 56–66) anuncia para o futuro a conversão dos pagãos e o advento de um reino universal de Deus, depois de mais de um século como vassalos de uma ou outra potência.

A forte crítica ao particularismo e ao nacionalismo judaico percebida sobretudo na época de Neemias e Esdras evidencia-se nos dois pequenos e preciosos livros de Rute e Jonas, relatos edificantes compostos provavelmente neste período e que representam um outro tipo de judaísmo. O Livro de Rute apresenta a esplêndida figura de uma protagonista estrangeira, Rute, proveniente do odiado país de Moab, esposa do israelita Booz, descendente do Rei Davi. Jonas, por sua vez, é o incansável profeta israelita enviado a pregar aos pagãos de Nínive, inimigos históricos de Israel, os quais, para sua grande surpresa, se convertem. Em ambos os casos, a mensagem é clara: também os estrangeiros e pagãos (inclusive suas mulheres) podem se converter e entrar em relação com o povo eleito.

6.5 Neemias e Esdras: o nascimento do judaísmo

a) O problema cronológico

Os anos que vão do início do reinado de Dario até a metade do reino de Artaxerxes foram um período obscuro sobre o qual sabemos muito pouco. As duas missões reformadoras de Esdras e Neemias sugerem que deve ter sido uma época de dificuldade, seja no terreno político-social, seja no terreno religioso. O Livro do Profeta Malaquias, composto provavelmente em fins deste período, fala de faltas graves no comportamento dos sacerdotes, de decadências no campo moral, e exprimia, ao mesmo tempo, um anseio de mudança radical.

No entanto, o Império Persa consegue recuperar-se parcialmente da sua crise. A oposição existente entre as cidades gregas de Esparta e Atenas, no fundo, favoreceu Artaxerxes, o sucessor de Xerxes (465-424 a.C.) que conseguiu recompor-se após as derrotas sofridas contra os gregos. De qualquer modo serão vistos mais tarde alguns sinais de decadência do império durante o reinado de Artaxerxes II (404-359 a.C.) quando o Egito conseguirá recuperar a sua independência. É neste contexto histórico que se situa a missão dos dois personagens, Esdras e Neemias, recordados nos dois livros que receberam seus nomes.

Segundo a cronologia tradicional, aquela apresentada pelos textos bíblicos em questão, Esdras, um judeu exilado na Babilônia, chega a Jerusalém como encarregado do Rei Artaxerxes I (Esd 7,7). Em 445 ele será acompanhado por um segundo personagem, o governador Neemias, também este encarregado do rei (Ne 2,1). O verdadeiro reformador da vida social, política e sobretudo religiosa dos judeus parece ser Esdras, como veremos. A missão de Neemias, de certo modo, parece ignorar a obra completada por Esdras. Além disso, a missão de Esdras sugere uma Jerusalém já reconstruída, o que, de fato, não teria acontecido senão com Neemias.

A essas dificuldades apresentaram-se soluções bastante variadas: há quem tenha defendido a cronologia bíblica tradicional e há quem chegou a negar qualquer fundamento histórico para a existência de um personagem de nome Esdras. Talvez a solução mais simples, aceita hoje por muitos historiadores, seja admitir que o Artaxerxes, do qual se fala a propósito de Esdras, seja Artaxerxes II. Assim, a missão de Esdras se colocaria depois da missão de Neemias, da qual se coloca como complemento. Desse modo, teríamos uma cronologia inversa em relação à ordem cronológica bíblica: portanto, não Esdras – Neemias, mas Neemias – Esdras. Em 445, sob Artaxerxes II data-se a chegada de Neemias a Jerusalém, que se encontra defronte a uma situação de crise e de uma cidade ainda completamente destruída. Esta missão será seguida pela de Esdras em 398, sob o reinado de Artaxerxes II.

b) Neemias

O Livro de Neemias nos apresenta esse personagem como um judeu, homem da corte de Artaxerxes, que recebe uma mensagem enviada de Jerusalém referente às graves dificuldades encontradas pelos exilados que, quase um século antes, tinham retornado à sua pátria depois do Edito de Ciro:

> *Responderam-me: "Os sobreviventes do cativeiro, que estão lá na província, vivem em grande miséria e humilhações; as muralhas de Jerusalém estão em ruínas e suas portas foram incendiadas"* (Ne 1,3).

Não conhecemos outras notícias precisas sobre quais eram exatamente essas mazelas. Pode-se imaginar, *a priori*, que fossem os embates com as populações locais, às quais nos referimos anteriormente, ou até mesmo um apelo dos exilados retornados à sua terra, dirigido ao rei persa para que esse cumprisse as promessas que foram feitas por seus predecessores. Pode-se ainda pensar numa iniciativa de ordem política de Artaxerxes para subtrair a Judeia – região estrategicamente importante devido sua vizinhança com o Egito – do controle do governador (*sátrapa*) da província de além do rio[72], um personagem que evidentemente estava tornando-se muito poderoso. Nas escavações feitas na Judeia, em localidades habitadas neste período, foram encontradas moedas com a inscrição *yhwd* (*Yehûd*), isto é, "Judá", o que comprova o fato de que a província devia gozar de uma relativa autonomia, se comparada às outras regiões da satrapia. A reconstrução dos muros de Jerusalém pode, por fim, remeter ao cenário de um reforço desta região do império, nas fronteiras com o Egito, em vista de tempos conturbados. Todos estes motivos podem ajudar a explicar as dificuldades encontradas por Neemias, sobretudo em relação às autoridades locais residentes na Samaria, que identificavam na sua missão uma ameaça ao seu poder.

O Livro de Neemias contém o relato, não se sabe o quanto épico ou amplificado, da reconstrução dos muros de Jerusalém, que, a despeito das várias dificuldades, foram concluídos em 444 a.C.

Depois de doze anos de permanência em Jerusalém, Neemias retorna a Susa, segundo as promessas feitas pelo rei. Contudo, em um período pouco preciso compreendido entre 433 e 424 o encontramos novamente na Judeia (Ne 5,14) onde se dedica a pôr em marcha outras reformas, tanto no campo social quanto político.

No campo social Neemias se encontra frente a uma situação de pobreza generalizada:

> *Os antigos governadores que me precederam oneravam o povo: cobravam dele todo dia, para o pão, quarenta siclos de prata; seus servos também oprimiam o povo. Eu, ao contrário, jamais agi assim, por temor de Deus* (Ne 5,15).

---

72. O "sátrapa" era o governador das províncias (as satrapias) nas quais era dividido o Império Persa. A Judeia fazia parte da assim chamada satrapia transeufratênea, ou de Além do Eufrates.

A fiscalização exacerbada e as dificuldades econômicas nas quais os exilados se debatiam, os constrangiam a vender suas propriedades ou até mesmo a vender os próprios filhos como escravos (Ne 5,1-5). Neemias procura combater esta situação obrigando os proprietários a restituírem propriedades hipotecadas das quais se tinham apropriado e a libertar os israelitas vendidos como escravos para pagar os seus débitos, reduzindo, assim, o excessivo peso do sistema fiscal persa.

No campo religioso Neemias tentou restaurar o sacerdócio, contrapondo-se aos sacerdotes e levitas que evidentemente abusavam e não tinham real interesse por seu ministério (Ne 13,4-13; cf. ainda 7,64 – os sacerdotes suspensos do serviço – e 7,6-64, a procura de genealogia autêntica). Neemias procurava um alinhamento com as admoestações contidas no Livro do Profeta Malaquias que reservava aos sacerdotes tão somente a interpretação da Lei (cf. Ml 2,7), tolhendo-lhes assim a autoridade civil. Neemias esforça-se por restabelecer o respeito pela observância do sábado, adotando uma medida drástica, ou seja, o fechamento das portas da cidade aos sábados (Ne 13,15-22), um problema que será ainda enfrentado por Esdras.

A atuação de Neemias é descrita no livro que tem seu nome com traços de certo modo enérgicos e por vezes dramáticos, o que sugere a existência de um contraste muito forte entre os exilados que retornaram à pátria animados por uma fé rigidamente javista e movidos pela ideia da missão da qual se sentiam revestidos, e a população local que, no campo religioso, devia ser muito mais aberta, talvez até inclinada ao sincretismo. Na ótica de Neemias, o problema é estabelecer quem pertence ou não à comunidade de Israel. No Livro de Neemias, os seus seguidores são definidos como "*todos os que se separaram dos povos das terras para abraçarem a Lei de Deus*" (cf. Ne 10,29).

c) Esdras

O período que se estende entre a segunda missão de Neemias e a missão de Esdras é completamente desconhecido.

Esdras (forma grega do hebraico Ezra, "Deus ajuda") é apresentado no livro homônimo, que na verdade é a única fonte a seu respeito à nossa disposição, como um sacerdote conhecedor da "Lei de Moisés" (Esd 7,1-6), que teria chegado a Jerusalém em 398 a.C., à frente de um novo grupo de exilados, como uma espécie de encarregado do rei para as tarefas religiosas.

Esdras retoma alguns elementos da obra de Neemias, como as leis relativas ao culto e a proibição dos casamentos mistos. Este último parece ser um problema bastante grave: as suas prescrições (Esd 9–10) são muito radicais e vão no sentido de uma separação total dos estrangeiros. Tais prescrições, todavia, não têm um teor propriamente xenofóbico, ou de uma proibição quase que racista de misturar-se com outras populações, mas devem ser compreendidas tendo como pano de fundo uma preocupação religiosa, já presente no Livro de Deuteronômio (31,16). Os matrimônios com mulheres estrangeiras podem ser uma ameaça para a pureza da fé javista, elemento que, como já se viu, caracteriza de modo particular aqueles que retornaram do exílio[73]. Além disso, como já foi dito, trata-se de decidir quem faz parte da comunidade israelita: o grupo dos exilados que retornaram à sua pátria, ou aqueles que tinham permanecido na terra?

O aspecto mais importante da missão de Esdras é, sem dúvida, o fato de que a *Tôrah*, a Lei mosaica, tenha se tornado definitivamente a lei que regulava toda a vida de Israel. O texto de Esd 7,12-26 apresenta um decreto de Artaxerxes (provavelmente referindo-se a Artaxerxes II) no qual a lei israelita é considerada como a lei do rei. Isto não significa que a Judeia tivesse se tornado independente, ao contrário, significa um reconhecimento da parte de Artaxerxes, do direito de os judeus constituírem as próprias regras no que tange aos costumes religiosos e às atividades internas, segundo sua própria Lei, ou seja, a de Moisés. Sabemos que com frequência os reis persas demonstravam interesse pelas legislações locais, chegando até mesmo

73. Alguns estudos atuais tendem a reinterpretar estes textos de Esd-Ne relativos aos matrimônios mistos, muito mais como um reflexo dos problemas da época dos Macabeus (cf. BIANCHI, F. *La donna del tuo popolo*. Roma: Città Nuova, 2005).

a entrar em detalhes ligados ao culto. Contudo, a pergunta sobre a autenticidade desse decreto já é outra questão. De qualquer modo, não temos outras notícias além das que nos são oferecidas pelo Livro de Esdras. Discute-se se a lei a que se refere o decreto de Artaxerxes, apresentado no Livro de Esdras, é ou não o Pentateuco. Provavelmente trata-se somente da legislação cultual ligada ao Templo. Todavia, este é exatamente o período no qual o Pentateuco adquire a sua forma atual, graças a um cenário favorável proporcionado pela monarquia persa e graças à fusão das duas grandes tradições, a deuteronomista (laica) e a sacerdotal.

d) O nascimento do judaísmo

A reforma de Esdras dá origem a uma nova realidade, o judaísmo: uma comunidade não mais baseada em fatores unicamente políticos, uma comunidade sempre mais destacada dos outros povos. Alguns historiadores avaliam este período de modo muito negativo. Segundo Liverani, encontramo-nos frente a "uma comunidade que se tornou fechada não apenas pela religião, mas também pela raça"[74]. Isso seria o resultado da preeminência do sacerdócio que se instaurou depois de Esdras: "O sacerdócio dava sustentação à estratégia do fechamento, preocupado, como era, em manter o novo Israel puro em relação ao ambiente circundante"[75].

Na verdade, a situação não tem contornos tão claros como descreve Liverani. Sem dúvida a autoridade do clero torna-se mais importante, tanto que, até o fim do século XIX, falou-se de governo teocrático ou hierocrático (= governo dos sacerdotes). Mas, o que realmente se entende com estas palavras?

Um fator importante da época persa é a possível concepção teocrática do Estado israelita a que se acenou a propósito das reformas

---

74. Cf. LIVERANI, M. *Oltre la Bibbia*. Op. cit., p. 391.

75. LIVERANI, M. *Oltre la Bibbia*. Op. cit., p. 341. Aquilo que Liverani descreve como a "invenção da Lei" seria, portanto, o fruto destas posições intransigentes.

de Esdras. A palavra *teocracia* encontra-se pela primeira vez em Flávio Josefo, que pretende descrever com ela a reforma constitucional de Israel em comparação às formas constitucionais clássicas do mundo greco-romano: democracia, oligarquia, aristocracia, monarquia. Desde sua origem, Israel teria sido uma comunidade religiosa governada diretamente por Deus (daí o termo "teo-cracia"), quando o poder teria estado efetivamente nas mãos dos sacerdotes ("hiero-cracia"). Na realidade, não se pode falar de teocracia durante a época monárquica, época na qual o sacerdote aparece, como foi dito, subordinado ao rei, do qual se sublinha o caráter sagrado.

No final da época persa, ao contrário, uma vez desaparecida a monarquia e enfraquecido gradualmente o movimento profético, o poder do sumo sacerdote se torna cada vez mais amplo chegando a compreender, no período helênico, um poder político efetivo. Esta compaginação entre os poderes religioso e político caracterizará de modo muito particular a história de Israel a partir desse período[76].

O ponto culminante desse processo se dará com a dinastia asmoneia, na qual o sumo sacerdote é ao mesmo tempo rei. Somente neste período seria possível falar efetivamente de "teocracia", mas o acento será demasiadamente político tanto que os judeus mais fiéis verão nos asmoneus, de certo modo, uma traição do ideal teocrático. Na época romana, enquanto os fariseus se refugiarão na obediência à lei, expressão da vontade de YHWH-Rei, grupos mais extremistas, como os zelotes, procurarão instaurar uma teocracia efetiva por meio da revolta e da luta armada contra os romanos e da proclamação da realeza de YHWH, único Senhor de Israel.

---

76. Desse modo, não é plenamente aceitável a afirmação de De Vaux sobre uma "concepção do poder fundada pelo pensamento israelita, a teocracia: Israel é o povo de Iahweh e não há outro senhor além dele. Por isso, Israel, do início ao fim de sua história, permanece como uma comunidade religiosa..." (DE VAUX, R. *Istituzioni dell'Antico Testamento*. Op. cit., p. 106). Isso poderia ser verdade apenas a partir da época persa. Cf. a este propósito SOGGIN, J.A. *Storia di Israele*. Op. cit., 48.356-358, que prefere falar de "hierocracia".

Por fim, a comunidade judaica que emerge das reformas de Neemias e Esdras não é tanto um Estado regido por princípios religiosos (um Estado governado pela religião), mas uma comunidade unida por laços religiosos. Não há mais uma nação judaica, mas existe um povo reunido em torno a sua fé. A Lei e o culto, antes mesmo que as preocupações raciais (cf. o importante Livro de Rute), tornam-se, de fato, os pilares sobre os quais a vida de Israel se constitui, enquanto, indubitavelmente, a autoridade dos sacerdotes cresce sempre mais, tanto que se fala com frequência de um governo teocrático e também hierocrático, isto é, o governo dos sacerdotes[77].

A Lei é considerada a expressão direta da vontade de Deus, que regula a vida cotidiana das pessoas em todos os seus âmbitos. O culto se torna o aspecto mais elevado da vida religiosa, o meio para entrar em contato com Deus. Contudo, o fechamento ao ambiente circundante não é total, Rute e Jonas, por exemplo, sugerem a possibilidade do acolhimento e da conversão.

Ao lado destas ideias de fundo, encontramos nesse período o despontar de expectativas escatológicas e messiânicas já perceptíveis nos textos de Is 56–66, de Ageu, de Malaquias e da segunda parte de Zacarias (9–14); conforme veremos mais adiante surgir o germe da importante tradição apocalíptica.

Ainda nesse mesmo momento histórico, situa-se o grande desenvolvimento da literatura sapiencial. A sabedoria israelita, nascida já em época monárquica por meio do contato com a sabedoria dos povos vizinhos, torna-se uma proposta de vida em uma sociedade a ser reconstruída, uma tentativa de harmonizar a experiência humana e a reflexão crítica sobre a realidade com a fé no Deus de Israel. O sábio israelita procura um caminho para a educação integral do ser humano, um "saber viver" e um "saber fazer" que atinjam todos os aspectos da vida. Por volta do final do século V, ou, mais provavelmente, durante o século IV a.C., situa-se a redação final do Livro dos Provérbios, pela qual o autor desconhecido recolhe e publica um conjunto

---

77. Sobre este aspecto cf. o parágrafo anterior.

de ditos (os "provérbios" como tais) pertencentes à sabedoria antiga, a partir do final da época salomônica. O Livro de Jó, de datação incerta, mas seguramente referente a este período pós-exílico, imposta-se sobre o problema da relação que o crente pode ter com o Deus que permite a dor, polemizando com a visão tradicional (deuteronomística) da retribuição. É difícil dizer se também a composição do Livro do Cântico dos Cânticos, o belíssimo poema bíblico sobre o amor esponsal, pode ser situada neste período. Alguns pensam preferencialmente no início da época helenística, entre o IV e o III século a.C.

Portanto, o judaísmo nascido após a reforma de Neemias e Esdras não é passível de redução a um movimento integralista, a uma sociedade rigidamente governada e controlada pelos sacerdotes. A presença de uma forte marca legalista é inegável e, com o passar do tempo, será sempre mais forte. Por outro lado, a existência das correntes sapiencial e profética é testemunho de uma mentalidade mais aberta (recorde-se a característica universalista da qual se falou): a própria *Tôrah* não é apenas Lei, mas também Revelação da vontade divina. A tendência ao legalismo e ao fechamento pode ser compreendida mais positivamente, vista como uma consequência de um comportamento necessário para preservar a própria identidade nacional e religiosa após a catástrofe do exílio.

6.6 Os samaritanos

Durante este período que assistirá ao fim do domínio persa, acentua-se o contraste entre judeus e samaritanos, já existente há algum tempo, que se transformará em um definitivo cisma religioso. A hostilidade existente entre judeus e samaritanos é um motivo frequente nos textos evangélicos. Confiram-se trechos como o episódio da samaritana (Jo 4,9) ou a Parábola do Bom Samaritano (Lc 10,33).

Os samaritanos são os dissidentes das populações do reino do Norte, miscigenadas com novos povos ali assentados pelos assírios depois da deportação de 721 a.C. O texto de 2Rs 17,24 relaciona a origem dos samaritanos exatamente a esse episódio. Na verdade, a origem dos samaritanos é muito mais recente. Muitas das dificuldades encontradas por Neemias e Esdras eram, provavelmente, causadas pelos embates com as populações da Samaria que viam nos exilados tornados à pátria um perigo para a sua autonomia. A ruptura definitiva com os judeus, que poderíamos definir como um verdadeiro cisma, ocorre provavelmente por volta do ano 330 a.C. quando Alexandre Magno concedeu aos samaritanos a permissão de edificar seu próprio templo sobre o Monte Garizim, próximo a Siquém, a atual cidade de Nablus, localidade que ainda hoje se reconhece como o primeiro lugar sagrado dos samaritanos.

Os samaritanos se consideram os herdeiros legítimos da fé judaica e aceitam apenas o Pentateuco como única Palavra de Deus em uma forma, aquela justamente chamada "samaritana"[78], que ainda hoje é muito importante para o estudo do texto do Pentateuco. Os samaritanos não aceitam toda a obra reformadora dos judeus pós-exílicos, considerada talvez como excessivamente rígida. Mas serão exatamente a rigidez e a ortodoxia de Neemias e Esdras que permitirão ao judaísmo sobreviver e desenvolver-se, enquanto a comunidade samaritana, mesmo existindo ainda hoje, permanecerá como um grupo religioso de importância bastante relativa. Ben Sirac, que escreve por volta de 180 a.C., já é testemunha do ódio nutrido pelos judeus contra essa comunidade (Eclo 50,25-26). Alguns rabinos chegam a compará-los aos pagãos, do ponto de vista cultual e ritual, ou seja, pessoas que deviam ser evitadas com todo cuidado. Para Jesus, ao contrário, o samaritano se torna, antes de tudo, o exemplo do "próximo" apresentado como exemplo de amor (Lc 10,29-37).

---

78. O chamado Pentateuco Samaritano tem seu contexto de desenvolvimento fora de Jerusalém, entre os remanescentes das deportações assírias. Trata-se de uma tradição samaritana dos cinco primeiros livros da Bíblia que tem seu contexto de nascimento provável algum tempo depois do cisma, mas que tomou forma por volta do séc. I a.C. Era o texto sagrado da comunidade judaica da Samaria que tinha como lugar de culto o Monte Garizim [N.T.].

6.7 O final da época persa

Neste período a Judeia está reduzida a uma pequena região submissa ao grande Império Persa. Paradoxalmente, a maior parte dos israelitas vive fora das fronteiras de Judá: muitos judeus estão na Babilônia; outros no Egito; outros ainda dispersos através de todo o Oriente Médio. Talvez, por conta desta dispersão (conhecida como *diáspora*), as reformas de Neemias e Esdras insistam sobre a centralidade do culto, sobre o Templo de Jerusalém e sobre a pureza da raça, exatamente para conservar uma unidade cultural e religiosa, visto que a unidade política e nacional já estava irremediavelmente destruída.

Nas comunidades da diáspora, o centro da unidade do povo judaico se torna propriamente, a partir deste período, uma instituição bem conhecida pelo leitor do Novo Testamento: a *synagoghé*, sinagoga, termo grego que significa uma "assembleia", uma "reunião". Para os judeus que viviam no exterior, distantes do Templo, era necessário ter um lugar onde reunir-se para rezar e estudar a Lei. Este é precisamente a sinagoga, em hebraico *bet knesset*, isto é, "casa de reunião", centro de congregação não apenas religiosa, mas social, tal como o é ainda hoje[79].

Desconhecemos quase que por completo a realidade da Judeia no período que se estende da missão de Esdras até a conquista de Alexandre Magno.

A partir da morte de Artaxerxes II, em 358 a.C., o Império Persa começa a decair, entre altos e baixos, até o ano de 333. Neste ano, o rei macedônico Alexandre Magno derrota o exército persa de Dario III, na célebre Batalha de Isso, e estende o seu reino da Macedônia até o Rio Indo. Em 332, Alexandre Magno invade também o Egito, passando por Galileia, Samaria e Judeia que são tomadas quase que sem embates. Inicia assim uma época completamente nova, a época helenística.

---

79. Sobre a história da sinagoga, cf. LEVINE, L.I. *La sinagoga antica*. Bréscia: Paideia, 2005 [ed. inglesa, 2000].

Do Império Persa ao de Alexandre Magno

Mais uma vez, a sorte de Israel está à mercê das mudanças no quadro internacional e do surgimento de uma nova potência. Contudo, enquanto anteriormente os assírios, egípcios, babilônicos e persas eram povos relativamente vizinhos a Israel pela língua, cultura, usos e costumes, desta vez, o judaísmo entra em contato com um mundo completamente novo, o grego. Falaremos a este respeito no próximo capítulo[80].

80. Sobre o pensamento judaico do Segundo Templo, da época persa ao final da época grega, cf. a interessante obra de BOCCACCINI, G. *I giudaismi del Secondo Tempio*: Da Ezechiele a Daniele. Bréscia: Morcelliana, 2008.

7
O PERÍODO HELENÍSTICO

Tiro me educou, mas Gádara foi minha pátria, a minha nova Atenas na terra dos assírios [...]. Era um sírio, de que importa? O mundo é a pátria dos mortais e um único Caos pariu todos os homens, meu amigo.
(Meleagro de Gádara[81])

7.1 De Alexandre Magno aos ptolomeus

As intenções de Alexandre eram mais políticas e pragmáticas do que culturais e civilizatórias. É difícil sustentar que ele se pretendesse portador de uma nova civilização, o "pacificador do mundo", que "civilizou os bárbaros" e "ensinou a lei e a paz a tribos ignorantes e sem ordem", como defenderá quatro séculos mais tarde o historiador grego Plutarco[82]. Todavia, com o seu império chega ao Oriente Médio uma nova visão de mundo: a cultura, a civilização, a filosofia grega. Trata-se do período que será justamente chamado de "helenismo": colônias gregas foram fundadas quase que em todo o Oriente (as várias cidades chamadas Alexandria, em honra a seu conquistador, a mais famosa das quais foi Alexandria do Egito), a língua grega substituiu o aramaico como língua internacional, muitas cidades adotaram orga-

81. Poeta helenizado da Transjordânia, ca. 130-70 a.C.

82. Cf. *De fortuna aut virtute Alexandri Magni I*, 4-6.

nização e estatutos gregos: surgem ginásios, teatros e termas quase que em toda parte. A *paideia*, a educação dos jovens segundo os cânones da cultura grega, torna-se a porta de acesso a este novo mundo.

O processo de helenização não foi uniforme. Em localidades como a Mesopotâmia foi mais superficial, ao passo que na Ásia Menor e no Egito foi mais profundo. Também Israel teve de confrontar-se com esta nova visão de mundo. Deve-se lembrar, já de início, que nessa época não se pode falar de uma vontade por parte dos gregos de impor sua cultura; são, de certo modo, os povos conquistados que promoverão a helenização. É, portanto, o próprio helenismo que se impõe com sua própria força. Particularmente, a difusão do pensamento grego ganha muita importância neste período, através das quatro grandes escolas filosóficas pós-aristotélicas (cínicos; céticos; epicuristas e sobretudo os estoicos). Estas se caracterizam por uma profunda reflexão sobre o ser humano e sobre a sua possibilidade de ser feliz em um mundo que se tornou repentinamente muito vasto e cosmopolita.

Antes de Alexandre, os contatos entre gregos e hebreus tinham sido poucos, muito limitados sobretudo em âmbito comercial. O interesse dos gregos em relação ao mundo hebraico era, sem dúvida, mínimo. Pode-se tranquilamente afirmar que "os gregos viveram felizes, no seu período clássico, sem reconhecer a existência dos hebreus"[83]. Com o período helenístico os gregos descobrem um mundo bastante diverso do seu, mas, seu comportamento continuará significativamente indiferente. Mesmo depois da tradução da Bíblia para o grego[84], não temos provas de que algum autor grego a tenha efetivamente conhecido ou utilizado, pelo menos ao longo do século II a.C. Como veremos, o interesse será muito mais evidente em sentido contrário, ou seja, dos hebreus em relação aos gregos.

---

83. MOMIGLIANO, A. *Saggezza straniera*: L'ellenismo e le altre culture. Turim: Einaudi, 1989, p. 82. Sobre os problemas ligados ao alcance da helenização no Oriente antigo, cf. HENGEL, M. *Ebrei, Greci e Barbari*. Bréscia: Paideia, 1981, esp. p. 87-135. • BICKERMANN, E. *Gli ebrei in età greca*. Bolonha: Mulino, 1990.

84. Cf. mais adiante às p. 154s.

Na verdade, Alexandre – que não era grego, mas macedônio de língua grega – foi um personagem bastante tolerante em relação às organizações sociais e aos costumes religiosos dos povos conquistados. A tolerância, sobretudo em campo religioso, será propriamente um dos novos valores característicos do mundo grego. No caso de Jerusalém, ele reconheceu a autoridade do sumo sacerdote, considerado chefe e representante oficial de uma comunidade regulada por uma lei própria, a *Tôrah*. Ao menos inicialmente, a mudança do poder não significou transformações muito profundas no que diz respeito à vida cotidiana dos judeus. Segundo o relato de Flávio Josefo, os habitantes de Jerusalém teriam acolhido bastante bem a chegada de Alexandre.

Contudo, o caso da Samaria foi diferente: segundo Flávio Josefo, a Samaria, rebelada contra o governador macedônico em 331 a.C., foi destruída um ano após sua conquista, a revolta foi sufocada no sangue e a cidade foi posteriormente reconstruída como colônia macedônia.

Os textos bíblicos também se calam sobre este período: os livros de Neemias e Esdras não se estendem para além do período persa, enquanto a narração dos livros dos Macabeus inicia-se com acontecimentos que remontam a um século e meio mais tarde. Os dois livros das Crônicas, escritos provavelmente no início deste período, não vão além da época do exílio, mas parecem pressupor uma época bastante tranquila. O Primeiro Livro dos Macabeus, ao contrário, apresenta um cenário fortemente negativo sobre Alexandre:

> [Alexandre o Macedônio] *empreendeu, então, numerosas guerras, apoderou-se de fortalezas e eliminou os reis da terra. Avançou até às extremidades do mundo e tomou os despojos de uma multidão de povos, e a terra silenciou diante dele. Assim exaltado, seu coração se elevou* (1Mc 1,2-4).

Mas esta imagem não nos deve surpreender. Alexandre Magno é visto como um rei que pretende atribuir-se prerrogativas divinas, algo normal para a época. O mesmo farão diversos soberanos helênicos e, cerca de três séculos mais tarde, os imperadores romanos. Este tipo de pretensão nenhum judeu piedoso poderia aceitar, e isto justifica o julgamento negativo sobre Alexandre Magno.

Alexandre não teve tempo suficiente para consolidar suas conquistas, ele morre repentinamente em 323 a.C. com apenas 33 anos, entregando seu reino ao caos. Os seus generais (os assim chamados *diadoqui*, palavra grega que significa sucessor) dividiram entre si os diversos territórios conquistados, fragmentando irremediavelmente o vasto império. Ptolomeu, filho de Lago, apoderou-se do Egito; Antígono da Macedônia e da Grécia; enquanto a Ásia Menor e a região siro-babilônica passaram a Seleuco.

O governador do Egito, Ptolomeu, que fundou a dinastia lágida, depois de alguns altos e baixos consegue ocupar a Judeia e Jerusalém em 312 a.C., tomando-a do poderio da família dos selêucidas que, neste ínterim, haviam assumido o poder na Síria. A Judeia continuará sob o domínio ptolomaico por mais de um século. Deve-se notar como os historiadores gregos da época que se ocupam deste período dizem muito pouco sobre a Judeia e sobre seus habitantes, sinal de que se tratava de uma região geograficamente isolada, politicamente e economicamente quase que insignificante aos olhos dos soberanos gregos.

Inicialmente, a situação da Judeia foi difícil, já que durante vários anos a região fora o palco das guerras entre ptolomeus e selêucidas. Ao menos num primeiro momento, depois de ter conquistado Jerusalém, o Rei Ptolomeu I tratou a população com dureza, deportando parte desta para o Egito. Com o passar do tempo, contudo, o domínio ptolomaico se revelará como um período de paz e relativa prosperidade. A propósito disso, temos informações diretas, as únicas relativas especificamente sobre a Judeia, através das várias viagens de um certo Zenão, funcionário do fisco ptolomaico que visitou a região palestina entre 260 e 258 a.C. Estes diários testemunham a existência de uma situação econômica relativamente florescente, e, sobretudo, de um comércio muito ativo, obviamente com o Egito, baseado especialmente no azeite, vinho, cereais e o bálsamo das plantações de Jericó, além da venda de escravos. A relação entre judeus e a monarquia ptolomaica devia ser de modo geral boa, tanto na Judeia quanto entre os judeus da diáspora no Egito, onde muitos serviram como mercenários no exército ptolomaico.

A Judeia é uma das tantas províncias do reino ptolomaico, nas quais a administração era confiada a um governador civil que por muito tempo foi escolhido entre a poderosa família dos tobíadas. No que diz respeito à organização interna, o sumo sacerdote gozou de grande autonomia.

É neste ambiente que nasce o Livro do Qoelet (ou Eclesiastes) que apresenta uma sociedade opulenta, governada por uma burocracia fortemente hierárquica e ávida pelo dinheiro[85]. Ao mesmo tempo, o sábio autor do livro inaugura um primeiro confronto com o pensamento grego que colocava em crise as certezas tradicionais de Israel.

7.2 A Judeia sob o domínio dos selêucidas (200-164 a.C.)

O domínio ptolomaico durou até o ano 200 a.C. Entre 201 e 200 a.C. o Rei Antíoco III, da família dos selêucidas, os governadores da Síria, conseguiu tomar toda a Palestina das mãos dos ptolomeus, inclusive a Judeia. Outra vez Israel vê-se obrigado a aceitar um novo governo. Inicialmente, no entanto, as relações dos judeus com os novos soberanos parecem ter sido muito boas. Segundo Flávio Josefo, os judeus teriam chegado a ajudar Antíoco III a subjugar as guarnições ptolomaicas presentes em Jerusalém. De qualquer modo, a Judeia prontamente declarou sua submissão e, em troca, os selêucidas lhe mantiveram o estatuto de autonomia interna, do qual já gozavam sob o domínio ptolomaico, além de uma série de importantes privilégios fiscais. O historiador hebraico outra vez faz referência a uma carta que Antíoco III teria endereçado aos hebreus de Jerusalém para agradecer-lhes o auxílio prestado e lhes garantir alguns privilégios[86].

---

85. "*Se numa província vês o pobre oprimido e o direito e a justiça violados, não fiques admirado: quem está no alto tem outro mais alto que o vigia, e sobre ambos há outro mais alto ainda. O proveito da terra pertence a todos e até mesmo um rei é tributário da agricultura*" (Ecl 5,7-8). Este texto, assim como o versículo seguinte (v. 9), pode ser facilmente referido à situação da Judeia no período ptolomaico. Sobre isso, cf. MAZZINGHI, L. *Ho cercato e ho esplorato*: Studi sul Qoelet. Bolonha: EDB, 2001.

86. FLÁVIO JOSEFO. *Antichità Giudaiche XII*, p. 138-144; cf. CIMOSA, M. *L'ambiente storico-culturale delle Scritture ebraiche*. Bolonha: EDB, 2000, p. 388-389.

Contudo, a influência da cultura helênica, continua a ser percebida de modo sempre mais evidente, encontrando, no entanto, a oposição dos ambientes judaicos mais fiéis às tradições. A este período se refere, por exemplo, um edito que proíbe que os estrangeiros entrem no Templo, além da proibição da criação e comercialização de animais impuros em Jerusalém, leis que tinham como objetivo salvaguardar a pureza ritual da Cidade Santa. Mas estas prescrições devem ter suscitado a oposição de ao menos uma parte das classes ricas e dos próprios sacerdotes, dentre os quais a cultura helênica se difundia sempre mais.

Mais uma vez, a mudança radical no cenário internacional se deve a uma mudança política no distante Ocidente, devido à consolidação de um novo astro no cenário internacional: Roma. No mesmo ano em que Antíoco III conquista a Judeia, Roma entrava em guerra contra Filipe V o Macedônio, aliado de Antíoco. Em 197 Roma conquista uma importante vitória contra Filipe e, em 190, também Antíoco sofre uma grave derrota na Batalha de Magnésia. O exército selêucida, que teve o reforço de aliados e mercenários, não suporta o duro ataque das legiões romanas, mesmo sendo estas inferiores em número, guiadas pelo célebre Cipião o Africano. O tratado de paz imposto pelos romanos a Antíoco III (Paz de Apameia, 188 a.C.) previa condições duríssimas. Antíoco teve de abandonar todos os seus territórios na Ásia Menor e pagou um tributo de 12 mil talentos, uma enorme cifra, que arrastou o Estado selêucida às margens da falência. As consequências da derrota em Magnésia serão decisivas na determinação da relação dos governadores selêucidas com os judeus.

Antíoco morreu em 187, o seu sucessor, filho de Seleuco IV, procurou remediar as condições desastrosas sem precedentes em que se encontrava o seu reino, saqueando os templos mais ricos e, dentre eles, também o Templo de Jerusalém. Um gesto de tal ordem – subtrair ouro dos fartos caixas do Templo – era visto pelo rei como seu direito natural, mas foi considerado pelos judeus como um autêntico sacrilégio, que faliu – segundo o relato de 2Mc 3 – após uma miraculosa intervenção divina.

Seleuco IV foi sucedido por Antíoco IV (175-164 a.C.) que se intitulou *Epifanès*, que em grego significa "(deus) revelado", um título que o povo ironicamente associará a *Epimanès*, isto é, "louco", apelido que já revela algo sobre a personalidade de Antíoco, ou ao menos sobre como era visto por seus súditos.

Nos primeiros anos de seu reinado, ou talvez nos últimos anos do reinado de Seleuco IV, foi composto o Livro de Sirácida (conhecido pela tradição latina como Eclesiástico), obra de Jesus, filho de Sirac (em hebraico, *Ben Sira*), escriba de Jerusalém[87]. A bela oração de Eclo 36,1-17 pode ser interpretada como uma súplica a Deus pela libertação de Israel do domínio estrangeiro: "*Levanta a tua mão contra as nações estrangeiras, que elas vejam a tua potência*!"

Sob Antíoco IV a situação dos judeus piora ainda mais. Na literatura apocalíptica, que tem nesta época um de seus períodos mais férteis (cf. mais adiante), Antíoco se torna o modelo do poder do mal. Veja-se, por exemplo, em Dn 7,25 e 11,36-39:

> *O rei agirá a seu bel-prazer exaltando-se e engrandecendo-se acima de todos os deuses. Ele proferirá coisas inauditas contra o Deus dos deuses e no entanto prosperará, até que a cólera chegue a seu cúmulo – porque o que está decretado se cumprirá* (Dn 11,36).

87. O Eclesiástico, escrito em hebraico, foi traduzido para o grego no Egito em 132 a.C. pelo neto de Ben Sira. A partir do final do séc. XIX foram descobertos fragmentos de papiros contendo cerca de dois terços do original hebraico, mas as traduções modernas da Bíblia continuam a utilizar a versão grega, que é a única a apresentar o texto completo.

Contudo, aquilo que se transformará numa verdadeira perseguição, a ponto de fazer de Antíoco IV um famigerado, tem início com um teor bastante diferente.

Antíoco, tendo necessidade de levantar fundos, tira proveito do seu direito de aprovação sobre a nomeação do sumo sacerdote, que até aquele momento fora um membro da família sadocita. Em Jerusalém, um certo Jasão, judeu de família sacerdotal muito propensa à helenização, articula-se a ponto de comprar do rei o encargo de sumo sacerdote. Com o apoio de outros membros da classe sacerdotal, Jasão coloca em marcha um ambicioso processo de helenização: uma praça de esportes de estilo grego será construída em Jerusalém; alguns jovens hebreus serão enviados aos jogos de Tiro (2Mc 4,12.18-19), enquanto se propõe a elevação de Jerusalém ao *status* de cidade (*polis*) helenizada, tal como tantas outras cidades do vizinho Oriente mediterrâneo. Isto teria levado à abolição da *Tôrah* como lei civil que vigorava em Jerusalém. Segundo o texto de 2Mc 4,13-15 muitos judeus aderiram a essas novas tendências.

Note-se que, para a mentalidade grega, qualquer outro estilo de vida, como por exemplo o dos hebreus, era de antemão considerado "bárbaro": o hebraísmo era radicalmente diferente do modo de viver e de pensar dos gregos para chegar a um acordo pacífico. Portanto, era necessário escolher e, enquanto para muitos hebreus a escolha de permanecer fiéis às suas próprias tradições foi absolutamente natural, para outros – menos numerosos – a decisão foi a de viver segundo o modo dos gregos. Isso que na ótica grega se constituía como um ato de tolerância, para muitos hebreus representava um sincretismo inaceitável. Mas até que ponto um diálogo entre culturas e religiões opostas é possível? Esta resposta não será encontrada em Jerusalém, mas em Alexandria, como veremos.

Nesse ínterim, por volta de 172 a.C., um segundo personagem de nome Menelau, toma o lugar de Jasão, depois de ter oferecido ao rei mais de 300 talentos (2Mc 4,24). Para preservar seu cargo, no ano seguinte, Menelau assassinou o último sacerdote legítimo, Onias III (2Mc 4,30-35) que fora deposto anteriormente por Jasão, seu irmão.

O texto de Dn 9,26 se refere a este crime: "*um Ungido será eliminado, embora não haja nele culpa*". Nessa situação obscura e corrupta, se situam as duas campanhas capitaneadas por Antíoco IV contra o Egito, campanhas estas bruscamente interrompidas pelo *ultimatum* imposto por Roma ao rei selêucida. Foram nestes anos (169-168 a.C.) que a relação de Antíoco com os judeus se agrava de modo irremediável.

7.3 A perseguição de Antíoco IV (167-164 a.C.)

No retorno de sua primeira investida contra o Egito, passando por Jerusalém, Antíoco teria subtraído algumas quantias em dinheiro dos caixas do Templo, como anteriormente Seleuco IV já fizera (1Mc 1,21-24). Ao término da segunda campanha, provavelmente frustrado por sua falência e humilhação por parte dos romanos, Antíoco tira proveito de uma tentativa de Jasão de recobrar o encargo de sumo sacerdote tomando-o de Menelau, e intervém militarmente na Judeia. Ao invadir Jerusalém, trata com extrema dureza a população, saqueia o Templo e ordena a construção de um presídio militar (chamado *Acra*), onde deixa uma guarnição. Além disso, Antíoco ordena a construção de um altar a Zeus Olímpio no lugar do altar dos holocaustos, no coração do Templo.

Esse evento que remonta ao mês de dezembro de 167 a.C. é o episódio que Dn 9,27 define como a "*abominação da desolação*". Além disso, foram tomadas medidas repressivas bastante claras contra o culto hebraico, proibindo a prática da circuncisão e a celebração do sábado e das outras festas judaicas, sob pena de morte.

> *O rei prescreveu, em seguida, a todo o seu reino, que todos formassem um só povo, renunciando cada qual a seus costumes particulares [...]. Além disso, o rei enviou por emissários a Jerusalém e às cidades de Judá ordens escritas para que todos adotassem os costumes estranhos a seu país, e impedissem os holocaustos, o sacrifício e as libações no Santuário, profanassem o sábado e as festas [...]. Quanto a quem não agisse conforme a ordem do rei, esse incorreria em pena de morte* (1Mc 1,41-50).

Contudo, não se deve pensar que Antíoco fosse um cruel perseguidor movido pelo desejo de pura e simplesmente destruir a fé judaica. O terrível cenário apresentado por 1Mc – e aquele ainda mais dramático dos conhecidos relatos de 2Mc 6–7: o martírio de Eleazar e a tortura dos sete jovens irmãos e de sua mãe – não consegue apresentar aquelas que foram, provavelmente, as intenções reais do rei.

Antes de tudo, ele tinha motivações políticas (suprimir a tentativa de revolta de Jasão e dirimir de uma vez por todas a situação caótica que se criara em Jerusalém) e econômicas (a necessidade de dinheiro). Não se deve ignorar ainda o fator emocional, tendo em vista que Antíoco acabara de retornar de uma campanha militar falida pela amarga humilhação imposta pelos romanos. Além disso, a imposição do culto grego na Judeia era um fato relativamente normal, na perspectiva de Antíoco, uma vez que este era aceito sem grandes dramas por outros povos. Nesse sentido, o juízo do historiador romano Tácito é interessante, segundo o qual a intenção de Antíoco era melhorar a "triste raça" dos judeus "mudando-a para melhor", abolindo o seu fanatismo e transmitindo a eles os seus costumes gregos[88].

Conforme já vimos, existia em Jerusalém, entre os judeus, um partido muito forte simpático aos gregos, partido do qual o próprio sumo sacerdote fazia parte e que certamente não deve ter visto mal algum, pelo contrário, talvez até apoiado, a campanha de helenização iniciada por Antíoco. É possível que esta mesma corrente interna do judaísmo tenha sido a causa da violência contra os hebreus aguçada pela luta pelo poder dentro do próprio sacerdócio de Jerusalém, que marcou o fim do sacerdócio sadocita.

Como se pode ver, as causas da "perseguição" de Antíoco são complexas e muito diversas, contudo, grande parte dos hebreus da época, caracterizados por uma fé e por um estilo de vida diferente daquele dos outros povos, e convictos de sua própria superioridade religiosa e moral, compreenderam as ações de Antíoco como um ato com o objetivo de destruir a comunidade israelita em si. De fato, é

---

88. "*Taeterriman gentem in melius mutaret*" (TÁCITO. *Historiae* V, 8).

exatamente assim que os livros dos Macabeus e de Daniel, todos escritos pouco depois destes fatos, apresentam a figura do rei selêucida. Mas, de algum modo, a ação de Antíoco, ditada por motivos de outra ordem e apoiada ao menos por parte dos próprios judeus, se transforma, provavelmente para além das intenções iniciais do rei, numa autêntica perseguição religiosa.

7.4 A revolta dos Macabeus

A perseguição, ou melhor, a obra de helenização forçada por Antíoco IV logicamente encontrou a oposição dos judeus mais fiéis às tradições. Inicialmente eram apenas pequenos grupos que rapidamente assumiram o nome de *hasidim*, os "piedosos" (cf. 1Mc 2,42), um grupo do qual descendem muito provavelmente os mais conhecidos fariseus. Depois de tentativas esporádicas de revoltas, surge logo uma verdadeira resistência organizada. Os dois livros dos Macabeus insistem sobremaneira sobre as motivações religiosas que animavam estes movimentos de oposição à política selêucida, motivações claramente resumidas nas palavras que o autor de 1Mc coloca na boca de Matias, considerado o fundador da revolta:

> *Ainda que todas as nações que se encontram na esfera do domínio do rei lhe obedeçam, abandonando cada uma o culto dos seus antepassados e conformando-se às ordens reais, eu, meus filhos e meus irmãos continuaremos a seguir a Aliança dos nossos pais. Deus nos livre de abandonar a Lei e as tradições. Não daremos ouvido às palavras do rei, desviando-nos de nosso culto para a direita ou para a esquerda* (1Mc 2,19-22).

A argumentos dessa natureza se somam outras razões de ordem social. De fato, os defensores do helenismo eram majoritariamente membros das classes ricas, isto é, sacerdotes e nobres de Jerusalém. Quando Jerusalém se torna uma *polis*, ou seja, uma cidade grega com estatuto igual às demais, a cidadania não estará mais ligada ao fato de fazer parte do próprio povo através da circuncisão, da observância do sábado e das outras leis da *Tôrah*, mas será introduzido o critério do censo e da posição social. Desse modo, as classes ricas são naturalmente favorecidas, os nobres, os sacerdotes e os proprietários de terra em detrimento da grande massa do povo.

Como vimos, os contrastes existentes entre as classes mais pobres já foram testemunhados desde os tempos de Neemias e Esdras. O Livro do Eclesiástico, um testemunho privilegiado deste período, nos permite compreender como as desigualdades sociais eram graves em Israel: Ben Sirac escreve como membro dos grupos mais abastados e o seu público é composto de pessoas de condição econômica bastante confortável e de classes sociais mais altas. Ele apresenta uma visão negativa dos trabalhos manuais (Eclo 38,24-34), contrapondo-os à exaltação do sábio escriba (39,1-11)[89] e ao elogio à figura do sumo sacerdote Simão (50,1-21). Todavia, admoesta sobre a excessiva confiança depositada sobre a riqueza (5,1-3; 8,2s.) e exorta reiteradas vezes sobre a prática da esmola (4,1-10; 7,32; 29,8-13).

Este cenário pode nos ajudar a compreender melhor o apoio popular que a revolta antisselêucida recebeu. Acompanhando o texto bíblico (1Mc 2,1-28), a ocasião propícia dá-se com o sacerdote Matias, exilado no pequeno vilarejo de Modin, na região de Shefelá, distante cerca de 25km de Jerusalém, provavelmente por suas posturas precedentes antimonárquicas. Aqui ele se rebela contra os emissários do rei que impunham à população um ato público de culto aos deuses gregos e forage-se com seus filhos e com aqueles que já alimentavam intenções de revolta. Um de seus filhos, Judas, chamado Macabeu (i. é "martelo"), se torna rapidamente o líder carismático destes grupos de resistência.

---

89. Contudo, para Ben Sirac que escreve entre 195 e 175 a.C. o prestígio e a posição social não dependem da riqueza, mas sim da sabedoria: o texto de Eclo 39,1-11 é certamente autobiográfico, e se constitui como uma exaltação da própria condição, a do escriba, mestre de sabedoria e intérprete da *Tôrah*. Nesse sentido, ele pode considerar como inferior qualquer outro tipo de trabalho manual. Ben Sirac coloca à mostra uma das características da sociedade israelita onde, a partir deste período, este tipo de personagem adquirirá uma importância e um poder paritário, se não superior, ao dos nobres e dos ricos. Cf. GILBERT, M. La sapienza di Ben Sirac. In: *I cinque libri dei saggi.* Cinisello Balsamo: San Paolo, 2005, p. 136-208.

Não é possível seguir detalhadamente os diversos acontecimentos deste período, narrados com traços épicos pelos autores de 1Mc e 2Mc. O sucesso de Judas Macabeu dá-se sobretudo pelo fato de ele ter evitado um confronto direto com o exército selêucida, pelos quais teria sido certamente derrotado, fomentando ações de guerrilha nas quais detinha uma evidente superioridade: os selêucidas foram surpreendidos – Antíoco IV estava envolvido numa campanha militar no Oriente – e as táticas de combate adotadas pelos rebeldes, juntamente com as motivações que os animava, permitiram-lhes atingir muito cedo um notável sucesso. Desse modo, em dezembro de 164 a.C., Judas Macabeu chegou a conquistar Jerusalém, à exceção da fortaleza de Acra. Como primeiro ato, no dia 25 de Casleu (18 de dezembro) de 164, ele fez com que o Templo profanado fosse reconsagrado e restabeleceu o culto que fora interrompido (1Mc 4,36-61). Ainda hoje, os judeus celebram a Festa da *Hanukká* ("dedicação") para recordar este acontecimento, festa da qual o próprio Jesus deve ter participado, como se recorda em Jo 10,22. Neste mesmo ano, Antíoco IV morre, numa das incursões militares nas quais estava envolvido[90], e Judá alcança de seu sucessor, Antíoco V, mergulhado nos problemas legais da sucessão, um edito de tolerância para os judeus.

Nesse meio-tempo, os embates já assistidos antes a propósito do encargo de sumo sacerdote se reacenderam em Jerusalém, encargo este detido até então por Menelau, simpático à helenização. O grupo pró-helenização enviou um apelo a Demétrio I, sucessor de Antíoco V, o qual, em 161, enviou como sumo sacerdote certo Alcimo, também de tendência helenizante, mas da estirpe de Aarão: um personagem emblemático que, na prática, conseguiu dividir os judeus ainda mais, como queria Demétrio. A parte mais conciliadora e pacífica do movimento macabeu aceitou Alcimo como novo sumo sacerdote,

---

90. No texto de 2Mc 9 a morte de Antíoco é apresentada como um castigo justo de Deus para o rei ímpio que tomba entre dores atrozes, devorado vivo pelos vermes, só e em terra estrangeira. Em 2Mc 9,19 uma carta quase que de desculpas escrita aos judeus é atribuída a Antíoco, mas que, na verdade, é provavelmente uma espécie de testamento endereçado aos habitantes de Antioquia.

enquanto a ala mais intransigente o recusou, tomando-o como uma imposição do rei. Aproveitando-se deste contraste Demétrio retomou a política repressiva de Antíoco IV, mas agora capitaneada por uma campanha militar de grandes proporções, durante a qual Judas Macabeu morreu em 161 a.C., em um combate contra as tropas de Báquides, general de Demétrio (1Mc 7,1–9,22).

Jônatas (161-143 a.C.), um dos irmãos de Judas, tornou-se o sucessor do movimento de resistência. Aproveitando-se das lutas contínuas entre os vários pretendentes ao trono da Síria, em 152 ele alcança de Alexandre Balas, pretendente ao trono selêucida, a nomeação ao cargo de sumo sacerdote, além de uma declaração de autonomia quase que total da Judeia (1Mc 10,15-21). Jônatas foi o primeiro a cunhar moedas com o seu nome, sinal de uma independência quase efetiva. Note-se que Jônatas não era de família sadocita, a família da qual quase sempre era escolhido o sumo sacerdote, o que fez com que os Macabeus perdessem boa parte do prestígio que tinham junto aos grupos dos "piedosos". Vítima de suas próprias maquinações, Jônatas foi morto numa armadilha em 143 a.C. (cf. 1Mc 12,39-53), na tentativa de selar aliança com o enésimo pretendente ao trono selêucida, depois de ter concluído aliança com Esparta e, sobretudo, com os romanos (1Mc 8,17-18).

Assim, o movimento macabeu passa ao comando de um terceiro irmão, Simão (143-134 a.C.), o qual manteve o encargo de sumo sacerdote, recebendo o reconhecimento do rei selêucida Demétrio II como "*sumo sacerdote insigne, estratego e chefe dos judeus*" (cf. 1Mc 13,42). Mais uma vez, o movimento macabeu beneficia-se das dificuldades internas da Síria, mas, desta vez, Simão obtém um reconhecimento ainda mais significativo: ele passará a concentrar em suas mãos os poderes civil, religioso e militar e consegue a independência efetiva para a Judeia, afastando de uma vez por todas os selêucidas. Simão também terminará por ser assassinado por um seu parente, em 134 a.C., mas seu sucessor, João Hircano I, pode ser considerado o fundador de uma verdadeira e efetiva dinastia, a dos asmoneus, a primeira depois da derrubada da monarquia após o exílio da Babilônia. O movimento macabeu, nascido de um desejo de revolta e resistência contra o domínio selêucida, transformou-se, por sua vez, pouco a pouco num instrumento de domínio. As motivações religiosas e sociais foram logo substituídas por motivações políticas e muito pouco nobres.

Com a morte de Simão, o relato do Primeiro Livro dos Macabeus se encerra, considerando o reinado de Simão, logo depois do qual o próprio livro deve ter sido escrito, como uma época pacífica e feliz: o elogio a Simão, contido em 1Mc 14,4-15, nos apresenta um cenário idílico no qual, contudo, os mais fiéis defensores das tradições de Israel não deviam refletir-se muito, como se verá nos sucessivos rumos do reino asmoneu, seguramente sempre mais distantes dos ideais de fidelidade à Lei que tinham dado vida ao movimento macabeu. As repetidas guerras e intrigas internas em nada contribuíram para melhorar a situação econômica e social do país. Talvez, propriamente neste período, nascem as raízes dos movimentos fariseus e saduceus e, particularmente, o movimento rigorista e separatista do judaísmo oficial, os essênios, de quem ainda teremos oportunidade de falar.

7.5 A dinastia asmoneia

O período que se estende do reino de João Hircano I até a conquista romana, liderada por Pompeu em 63 a.C., não é verificável nos textos bíblicos, mas é igualmente importante, pois nos permite compreender o pano de fundo imediato dos acontecimentos sobre os quais se moverá a história de Israel no tempo de Cristo.

João Hircano I (134-104 a.C.) dedicou-se sobretudo a campanhas militares expansionistas, servindo-se de um exército profissional composto por mercenários. Ele "converteu" os samaritanos a força, destruindo o templo sobre o Monte Garizim e tornando definitiva a sua separação dos judeus; submeteu em seguida os idumeus, população da Transjordânia (os antigos edomitas) emigrada, naquela época, para a parte meridional da Judeia, entre Hebron e Bersabeia, obrigando-os a circuncidar-se.

Nos anos 107-106 a.C., ao final de suas campanhas expancionistas, as fronteiras do reino de Hircano I correspondem àquelas recordadas no Livro de Judite. O livro é ambientado na época de Nabucodonosor, mas, na verdade, foi composto nos anos de Hircano I e reflete a luta do povo hebraico contra o invasor estrangeiro.

Neste período se desenvolvem definitivamente os grupos dos saduceus, dos fariseus e provavelmente dos essênios. Os fariseus demonstram-se muito críticos às políticas de João, a quem acusavam sobretudo de ter pretendido concentrar em suas mãos os poderes civil e religioso, de comportar-se de maneira tirânica e, principalmente, de ser mais inclinado ao helenismo do que à fé judaica. A verdade é que pouco a pouco João perdeu a aprovação popular, chegando a governar, como os outros soberanos helenistas, com a força de um exército mercenário e a riqueza de um sistema fiscal ganancioso.

Um fator que ajuda a compreender este comportamento de Hircano I pode ser percebido dentro dos dois livros dos Macabeus, dos quais a composição pode remontar propriamente a este período. Em 1Mc 12,6-23 e 14,20-23 são noticiadas trocas de cartas entre os Macabeus e os espartanos e, em 12,21, chega-se a lançar a hipótese de um improvável parentesco entre os dois povos, ambos da "estirpe de Abraão". Poderia haver outro sinal mais claro da admiração dos judeus pelos gregos? A isto se some o trecho já recordado de 1Mc, que se constitui como um elogio extraordinário aos romanos, o que não deixa de chamar muito a atenção, sendo que este é colocado propriamente na boca de um autor judeu (1Mc 8,1-16).

O modo de agir de João Hircano I será herdado por seu filho Aristóbulo (104-103 a.C.), o qual, durante seu brevíssimo reinado, depois de ter mandado assassinar sua mãe e seu irmão, se autodenomina "rei", título que ainda faltava aos asmoneus. No seu reino, Aristóbulo conseguiu tomar a Galileia, ampliando ainda mais as fronteiras de Israel.

O sucessor de Aristóbulo foi seu irmão Alexandre Janeu (103-76 a.C.). Com ele a dinastia asmoneia atinge seu período de máximo esplendor, mas, ao mesmo tempo, chega ao ápice dos conflitos com os grupos farisaicos. Alexandre chegou a protagonizar fatos de inaudita crueldade quando, para reprimir a oposição dos fariseus, fez crucificar alguma centena deles ao redor dos muros de Jerusalém, massacrando em seguida mulheres e filhos diante de seus olhos. Este fato causou profunda perturbação entre o povo – além de tudo, a pena da crucificação era completamente desconhecida ao direito israelita – e os ecos deste acontecimento podem ser lidos nos escritos de Qumran (*Pesher Nahum*).

É, portanto, evidente que a monarquia asmoneia se transformou em uma das tantas pequenas monarquias orientais nos moldes do helenismo presente no Oriente Médio, muito parecida com a dos selêucidas, em oposição à qual, paradoxalmente, havia surgido: uma paradoxal mudança de perspectiva em relação ao seu contexto de nascimento sessenta anos antes.

Morto Alexandre Janeu, sucede-lhe sua viúva, Alexandra Salomé (76-67 a.C.), que se reconciliou com os fariseus e, no decorrer de seu reinado, conseguiu manter a paz no país que, então, tinha as fronteiras tão amplas quanto foram as antigas atribuídas aos reinos de Davi e Salomão, graças às campanhas expansionistas de João Hircano I (cf. mapa, à p. 149). O reino de Alexandra é recordado na tradição judaica como uma verdadeira idade do ouro, sem dúvida, um período de paz e prosperidade econômica, mas não se deve esquecer que o julgamento positivo emitido sobre a rainha é influenciado pelo bom tratamento que ela manteve com os fariseus.

Quando Alexandra morreu, uma luta obstinada pelo poder se instaurou entre seus dois filhos, Hircano II, que detinha o cargo de sumo sacerdote conforme sua mãe lhe havia empossado, e Aristóbulo II, o herdeiro do trono. O conflito tornou-se insustentável a tal ponto que Hircano recorreu à ajuda de Roma, dirigindo-se a Pompeu, que agora já havia conquistado inclusive Damasco e destruído o reino selêucida. A luta entre os dois irmãos é um indício claro da divisão interna existente no reino asmoneu. Neste período, o país é composto por territórios muito distintos entre si: estende-se da Galileia, território povoado tanto por judeus quanto por pagãos, à Samaria, separada da Judeia tanto cultural quanto religiosamente, até a costa helenizada e a Judeia, dividida internamente entre facções políticas e movimentos religiosos. Os romanos não perderam a ocasião favorável e Pompeu, investido como árbitro e pacificador, pôde, em 63 a.C., entrar na Judeia com suas legiões e conquistar Jerusalém, que teve suas portas abertas pelos partidários de Hircano II, enquanto os de Aristóbulo II, refugiados no Templo, foram massacrados após três meses de cerco.

O historiador romano Tácito recorda o espanto de Pompeu ao entrar no Templo e encontrá-lo completamente vazio, sem a presença de qualquer imagem da divindade[91], lugar do culto a YHWH, Deus invisível, incompreensível aos romanos, os mais novos dominadores de toda a Judeia.

7.6 O judaísmo de língua grega em Israel e na diáspora

Já tivemos oportunidade de falar sobre a diáspora judaica, isto é, do movimento de dispersão que levou grande parte dos israelitas a

91. "*Vacuam sedem et inania arcana*" (TÁCITO. *Historiae* V, 9).

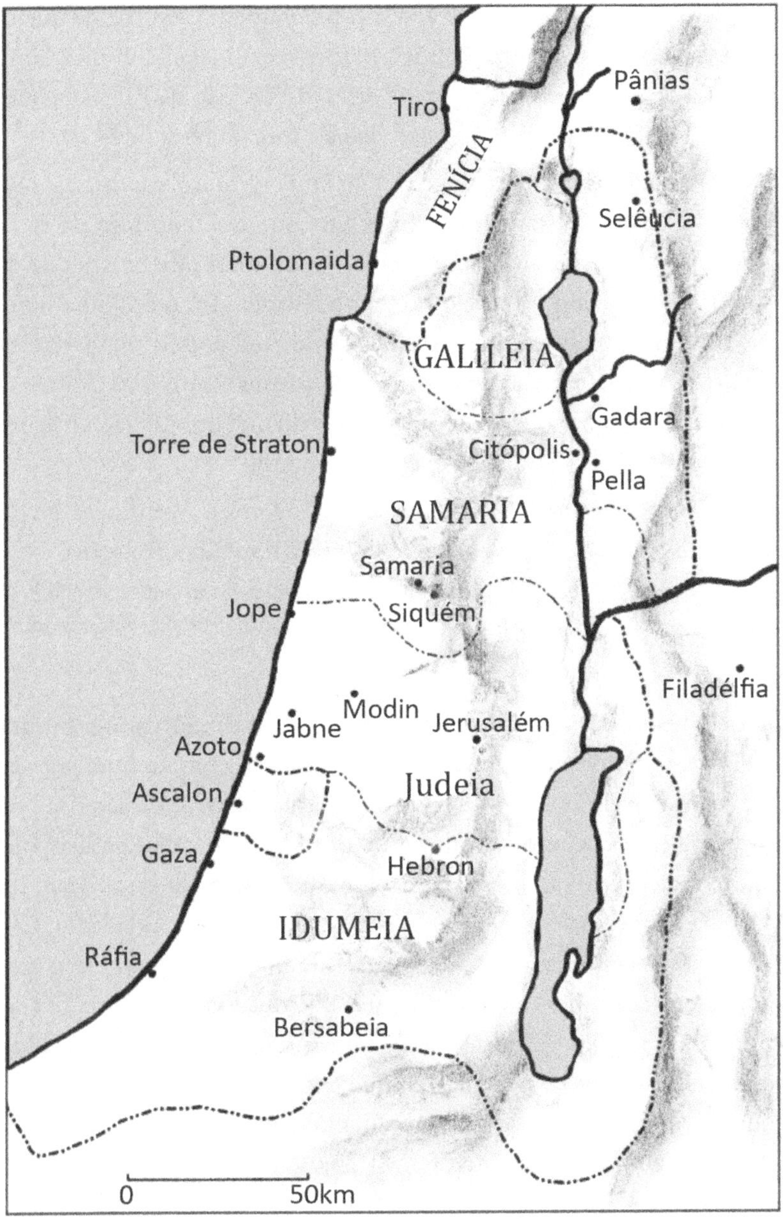

O reino de Alexandre Janeu

estabelecer-se fora da própria terra, primeiramente a partir da queda do reino do Norte e, sucessivamente, após o exílio da Babilônia. Uma história de Israel, geograficamente limitada à região da Palestina, não pode esquecer da existência deste "Israel" fora da terra de Israel.

O hebraísmo da diáspora é um fenômeno muito importante. Na época do Novo Testamento, os hebreus que residiam fora da terra prometida, alguns já há vários séculos, eram mais numerosos que os próprios hebreus de Israel, o que, na verdade, acontece ainda hoje. No tempo de Otaviano Augusto fala-se de uma população de judeus de cerca de quatro milhões e meio, pelo menos dentro das fronteiras do Império Romano, dos quais não mais do que um milhão vivia em Israel: trata-se de 7% da população do império.

Flávio Josefo cita com orgulho o geógrafo e historiador grego Estrabão (63 a.C.-19 d.C.) que teria dito a respeito dos judeus:

> Não é fácil encontrar um só lugar no mundo que não hospede esta gente e no qual (esta) não tenha manifestado a sua autoridade[92].

O hebraísmo, portanto, está em contato direto com a cultura helênica que dominava o mundo de então, um contato que, por vezes, como se viu no caso da revolta dos Macabeus, se caracteriza por um conflito entre as duas culturas. Contudo, os hebreus da diáspora eram mais abertos ao mundo grego do que os hebreus que viviam na Judeia e em Jerusalém. No fundo, estes habitavam em cidades gregas, por vezes assumindo a sua cidadania, adotando sua língua (i. é, o grego) e seus costumes, mesmo procurando conservar a própria fé e as próprias tradições. A influência do espírito grego pode ser percebida ainda nos nomes dos personagens que frequentemente apresentam-se em versão grega: Jasão, por exemplo, é a forma grega de Josué (2Mc 2,23), e Saulo torna-se Paulo (cf. At 13,9).

---

92. FLÁVIO JOSEFO. *Antichità giudaiche XIV*, 7,2. O historiador cita, provavelmente, a obra perdida de Estrabão, *Ypomnemata*.

A influência da cultura grega pode ser sentida também no campo religioso: o judaísmo da diáspora insiste menos sobre os aspectos cultuais e mais sobre os aspectos éticos. Elementos tipicamente judaicos como o Templo, o sacerdócio, o culto, as práticas rituais, têm sua importância pouco sublinhada se comparados ao conteúdo moral com o qual o judaísmo se apresenta em um nível ético superior em relação ao paganismo. No judaísmo da diáspora, e mais especificamente no judaísmo de Alexandria do Egito, se desenvolve um método de interpretação alegórica das prescrições cultuais e rituais contidos nos livros bíblicos. Este método, inclusive, terá grande lastro no contexto do cristianismo.

Um aspecto bastante singular do judaísmo da diáspora é a tentativa apologética de mostrar como a fé judaica é superior à filosofia grega, chegando-se até mesmo a falar dos filósofos gregos como sendo discípulos de Moisés, como faz, por exemplo, Fílon de Alexandria. Com esse mesmo intuito, surgem obras que procuram demonstrar um possível contato entre o mundo grego e o mundo judaico. A *Carta de Aristeia* e o *Quarto Livro dos Macabeus* são, sob vários aspectos, escritos apologéticos que, mesmo diferentes entre si, pretendem mostrar ao mundo helenizado a superioridade moral e até mesmo filosófica do judaísmo. O historiador judeu Eupólemo – considerado por alguns o personagem que Judas Macabeu enviou a Roma (cf. 1Mc 8,17) – parece ter escrito em língua grega uma história dos judeus na qual sustentava que os fenícios e os gregos teriam aprendido a escritura de Moisés.

A grande força moral do judaísmo exercia efetivamente alguma influência sobre o paganismo: muitos pagãos solicitavam ingresso no judaísmo. Mesmo que não fossem circuncisos e, portanto, não fizessem efetivamente parte do povo hebraico como, ao contrário, faziam os raros "prosélitos", estes "temerosos a Deus" observavam os preceitos fundamentais da *Tôrah* e participavam da vida da sinagoga. O centurião Cornélio, protagonista de At 10, é certamente um deles.

Contudo, o modo singular de viver dos judeus provocava frequentes tensões e embates, que chegavam até mesmo a constituir-se como verdadeira perseguição. O fato de considerarem-se de algum modo separados do resto da sociedade, de proclamarem uma fé superior às outras, de viverem segundo lei rigidamente observada e, no fundo, estranha aos olhos de um pagão, fazia surgir não raramente sentimentos de suspeição e de hostilidade, com traços de um verdadeiro antissemitismo. Em Alexandria do Egito, especialmente, onde existia uma das mais florescentes comunidades judaicas da diáspora (fala-se em pelo menos 40.000 judeus, o que equivaleria a um quinto da população), a luta dos judeus para obter o gozo pleno dos direitos civis caracterizou o período entre o século I a.C. e o século I d.C. e o Livro da Sabedoria, composto durante o reinado de Otaviano Augusto, confirma este cenário (cf. mais adiante)[93]. Sob o Império Romano, os judeus gozavam de uma autonomia bastante grande, especialmente no campo religioso, ainda que entre o povo não gozassem de boa fama, como testemunham as perseguições ocorridas durante o breve reinado de Calígula (37-41 d.C.). O edito do Imperador Cláudio, endereçado aos cidadãos de Alexandria em 41 d.C., exorta a não colocar em suspeição o direito dos hebreus à sua liberdade religiosa e à manutenção de seus costumes e convida à "compreensão e amizade recíprocas". Mas, em 49 d.C., o próprio Cláudio expulsa os judeus de Roma, após uma rebelião antijudaica (cf. At 18,1-4).

A presença de judeus no Egito é documentada desde o século V a.C., como vimos a propósito da colônia judaica de Elefantina. A partir da metade do século II a.C., o judaísmo alexandrino se caracterizará por uma intensa produção literária, o que interessará também à Bíblia. É neste período que, exatamente em Alexandria, judaísmo e helenismo iniciam um diálogo bastante fecundo.

93. Cf. MAZZINGHI, L. Sap 19,13-17 e i diritti civili dei Giudei di Alessandria. In: BELLIA, G. & PASSARO, A. (orgs.). *Il libro della Sapienza*: tradizione, redazione, teologia. Roma: Città Nuova, 2004, p. 67-98.

Ampliando ainda mais o campo de visão para fora do judaísmo de língua grega, devemos recordar que não faltam correntes de pensamento no interior do próprio judaísmo que consideram o processo de helenização de modo bastante negativo. Estas vertentes estão presentes em textos do século II a.C. como o *Livro dos Sonhos*, composto por volta do período da revolta dos Macabeus, e que passará a fazer parte do *Livro de Henoc* (83–90), e o *Livro dos Jubileus*, composto provavelmente na época de João Hircano I[94].

Por volta de 132 a.C. o neto de Ben Sirac, chegando a Alexandria, traduz a obra de seu avô, o Livro do Eclesiástico, que chegou completo até nós graças à sua tradução[95]. No seu Prólogo, o neto anônimo afirma ter empreendido este trabalho de tradução pensando nos que, habitando no exterior, procuram viver conforme à Lei. A obra de Ben Sirac demonstra como a helenização do judaísmo, da qual se falou tanto e que foi mais intensa sobretudo com a dinastia asmoneia, não foi realmente muito profunda. Se Ben Sirac lança mão de ideias provenientes do mundo grego, o seu pensamento, no entanto, permanece radicalmente judaico, e, ao centro do seu livro, no capítulo 24, encontramos a exaltação da *Tôrah*, a Lei divina, assemelhada, ainda que não plenamente identificada, à Sabedoria, da qual se constitui como a expressão concreta.

Como acontecera durante o exílio da Babilônia e como acontecerá depois da conquista romana, também no caso do helenismo, o hebraísmo se solidificará ao redor da própria fé e, de fato, será este fenômeno que garantirá sua sobrevivência. Ao final do século I a.C., durante o império de Augusto (31 a.C.-14 d.C.) surgirá outra obra análoga, o Livro da Sabedoria, que depois comporá o cânon católico das Escrituras. Trata-se de uma obra destinada à formação dos jovens judeus de Alexandria, com frequência tentados a abandonar a fé judaica. O Livro da Sabedoria procurará arduamente anunciar ao seu tempo a mensagem bíblica usando categorias filosóficas e o linguajar

---

94. Para ambos, cf. mais adiante, p. 174 e nota 106.
95. Cf. nota 87.

fornecido pela cultura helênica, uma iniciativa dialógica e corajosa que deixará marcas na já vizinha alvorada do cristianismo[96].

A obra de maior relevância do judaísmo alexandrino de língua grega será a tradução grega da Bíblia Hebraica, conhecida como a *Setenta* (LXX)[97]. Na já recordada *Carta de Aristeia*, escrita provavelmente durante o século I a.C., é relatada a legenda relativa ao nascimento de tal tradução que originalmente compreendia apenas o Pentateuco, feita por 70 sábios judeus, chamados a Alexandria por Ptolomeu II Filadelfo (284-247 a.C.) obra levada a termo, ainda segundo a *Carta de Aristeia*, com a ajuda de fenômenos miraculosos e prodígios de várias naturezas.

A realidade histórica é mais simples: durante o período ptolomaico, as comunidades judaicas do Egito sentiram a necessidade de uma tradução que lhes permitisse ler a Bíblia na língua que eles usavam no cotidiano, ou seja, o grego, como já testemunha o Prólogo de Ben Sirac. Esta tradução, limitada em um primeiro momento apenas ao Pentateuco e completada certamente ainda sob o reinado ptolomaico, foi sucessivamente, em um arco de tempo que chega até o século I a.C., ampliada com outros livros da Bíblia Hebraica, e além destes, lhe foram acrescidos outros textos escritos naquele período, como o próprio Livro de Ben Sirac (Sirácida), os Macabeus, a Sabedoria, e outros textos, alguns dos quais não fizeram parte sequer do cânon das igrejas cristãs[98].

---

96. Cf. MAZZINGHI, L. Il Libro della Sapienza: elementi cuturali. In: *Il confronto tra le diverse culture nella Bibbia da Esdra a Paolo.* XXXIV Settimana Biblica Nazionale. Roma, 9 a 13 de setembro de 1996. • FABRIS, R. *Ricerche Storico Bibliche 1-2* (1998), p. 179-198.

97. Sobre a Setenta, cf. uma boa introdução em FERNÁNDEZ MARCOS, N. *La Bibbia dei Settanta.* Bréscia: Paideia, 1998.

98. O hebraísmo nega-se a reconhecer a canonicidade dos livros contidos na *Setenta*, limitando o elenco dos textos inspirados apenas aos já contidos na Bíblia Hebraica, eliminando assim 1Mc, 2Mc, Jt, Tb, Sb, Eclo, Br, além de algumas adições em Est e Dn. O cânon católico acolherá todos estes textos, não reconhecendo, no entanto, a inspiração de outros escritos presentes na *Setenta* como os Salmos de Salomão, as Odes de Salomão e o terceiro e quarto livros dos Macabeus.

Além da *Setenta* existem outras traduções gregas feitas posteriormente por judeus, por volta do século II d.C., tais como as traduções de Áquila, Símaco e Teodósio, mas, mesmo em relação a estas, a importância da *Setenta* é inquestionável: além de ter conservado os livros não contidos na Bíblia Hebraica, ela apresenta com frequência variantes do texto massorético, isto é, o texto hebraico do Antigo Testamento, sobre o qual trabalharam os chamados *massoretas*, doutos hebreus dos séculos VIII-IX d.C. É, contudo, bastante difícil saber se, cada vez que o tradutor grego apresenta uma versão diferente do trecho hebraico, ele o faz porque tinha em mãos um texto hebraico diferente do nosso ou por outras razões, inclusive motivações de teor teológico. Essa tradução grega é a versão que os autores do Novo Testamento utilizam quando citam textos do Antigo. Assim, a *Setenta* constitui-se como o texto bíblico usado nas primeiras pregações cristãs no momento em que se dirigiam ao mundo grego.

A literatura do judaísmo da diáspora conta com dois nomes bastante importantes que não podem ser esquecidos: Fílon e Flávio Josefo, ambos, de um modo ou de outro, importantes não apenas para a história de Israel, mas também – Fílon de modo muito particular – para a história do cristianismo[99].

Nascido entre 25 e 13 a.C. e morto certamente depois de 40 d.C., Fílon vive e desenvolve sua obra em Alexandria do Egito. Dele temos muitas obras escritas em grego e endereçadas aos judeus alexandrinos mais cultos. O interesse de Fílon é antes de tudo comentar e explicar a Bíblia; em segundo lugar é a tentativa de relacionar o judaísmo com a filosofia grega, dando-lhe um fundamento racional.

---

99. Uma apresentação simples sobre Flávio Josefo se encontra em *Il Mondo della Bibbia* 65 (2002).

A proposta de Fílon está voltada ao mundo helenístico, procurando tornar a fé judaica aceitável, mas está sobretudo voltada ao judaísmo que é convidado a não se considerar de modo algum inferior ao helenismo. A filosofia de Fílon e o seu método alegórico de interpretação da Bíblia terão grande influência sobre o cristianismo, em particular sobre os fundadores daquela que será justamente chamada de Escola Alexandrina (Clemente e Orígenes).

Flávio Josefo nasceu na Judeia, por volta do ano 37 d.C., era sacerdote e fariseu de Jerusalém, e foi chefe militar durante a revolta de 66 d.C. Capturado pelos romanos, consegue conquistar as graças de Vespasiano fingindo-se louco e depois profeta. Uma vez chegado a Roma será liberado e tomará o nome de Flávio, em honra ao imperador. Flávio Josefo é um historiador de importância capital para nós: a sua *História da Guerra Judaica*, escrita entre 76 e 79 d.C., é a principal fonte para a reconstrução dos acontecimentos referentes à primeira revolta judaica, da qual ele foi testemunha ocular e protagonista direto. Mais tarde compôs, junto a outras obras polêmicas, os 20 monumentais livros das *Antiguidades Judaicas*, encerrados em 94 d.C., uma história de Israel desde a criação do mundo até a irrupção da guerra judaica, destinada a um público culto.

Muitas vezes, Flávio Josefo usa suas fontes com liberdade e, por vezes, tendencialmente. No que tange à guerra judaica é evidente como ele tende a justificar a si mesmo e ao partido fariseu, atribuindo aos grupos mais extremistas a responsabilidade pela derrota. De qualquer modo, a sua obra continua sendo com muita frequência a principal fonte à nossa disposição.

Para um julgamento global sobre o judaísmo da diáspora de língua grega é necessário retornar a Alexandria que, entre os séculos III e I a.C., é a verdadeira capital cultural do Mediterrâneo, com a sua *biblioteca* farta de obras únicas no mundo (fala-se de 200.000 vol.) e com o seu *museu*, um centro educativo comparável aos nossos centros universitários. A procura por uma integração maior com o mundo grego não é, todavia, pacífica: o judaísmo alexandrino oscila entre a tentação da apostasia, o esforço por um diálogo com a cultura grega e o desejo de defender e conservar sua própria identidade. A literatura alexandrina, e, em certo sentido, o próprio Livro da Sabedoria, são testemunhos desta tensão fecunda, mas nunca resolvida por completo[100].

100. Sobre a literatura judaica da época helenística cf. ainda CALABI, F. *Storia del pensiero giudaico ellenistico*. Bréscia: Morcelliana, 2010 (com uma boa e sistemática introdução sobre Fílon).

8
SOB O DOMÍNIO DE ROMA

Mas alguns dirigiram-se aos fariseus e lhes disseram o que Jesus fizera. Então, os chefes dos sacerdotes e fariseus reuniram o conselho e disseram: Que faremos? Esse homem realiza muitos sinais. Se o deixarmos assim, todos crerão nele e os romanos virão, destruindo o nosso lugar santo e a nação (Jo 11,46-48).

8.1 Da conquista romana ao reino de Herodes o Grande (37-4 a.C.)

Pompeu tratou de resolver a situação interna do reino asmoneu, Aristóbulo foi feito prisioneiro e exilado em Roma, enquanto Hircano II foi confirmado no cargo de sumo sacerdote. Pompeu procurou redimensionar o poder da dinastia asmoneia: a Samaria tornou-se independente e as cidades gregas da Transjordânia foram reunidas em uma confederação chamada Decápole ("dez cidades" em grego), nome recordado também no Novo Testamento (cf. Mt 4,25). Ao sumo sacerdote Hircano II restou apenas a Judeia, a Idumeia e a Pereia, além de parte da Galileia. Assim, o reino asmoneu foi reduzido a mais um dentre os estados vassalos de Roma.

Ao longo desses anos, os acontecimentos na Palestina estão intrinsecamente ligados aos de Roma, particularmente à luta pelo poder entre Pompeu, morto no Egito em 48 a.C., e Júlio César e, após a morte deste último em 44 a.C., à luta entre Otaviano e Antônio que se encerrará na Batalha de Ácio em 31 a.C., da qual Otaviano saiu vencedor e tornou-se, assim, o primeiro imperador, assumindo em 27 a.C. o título divino de Augusto.

Hircano II conseguiu conservar seu poder e até fazê-lo crescer um pouco, tomando partido ao lado de César quando este estava em guerra no Egito contra Pompeu. Como aliado de Hircano II aparece certo Antipas, que era governador da Idumeia e obtém de César a nomeação de governador da Judeia, enquanto Hircano permanece como etnarca e sumo sacerdote. Um dos filhos de Antipas, Herodes, conservando a mesma política de equilíbrio entre os partidos romanos opostos, recebe de Antônio, em 37 a.C., a nomeação de rei dos judeus.

Nesses anos, a situação é extremamente complexa e piorou ainda mais com a invasão da Palestina pelos partos, povo proveniente do Oriente e com a tentativa de Antígono, filho de Aristóbulo, de retomar o poder. Antígono consegue tomar Jerusalém, faz Hircano II prisioneiro e corta uma de suas orelhas, tornando-o, assim, inapto para o encargo de sumo sacerdote que tinha como um dos pré-requisitos a integridade física (cf. Lv 21,16-23). Apoiado por Roma, Herodes consegue derrotar os partos e mata Antígono, o último dos asmoneus. Com grande habilidade, após a derrota de Antônio, Herodes declara sua submissão a Otaviano, e tem deste a confirmação de sua realeza, concedendo-lhe ainda privilégios e a ampliação de seu território. Assim, o reino de Herodes alcançará dimensões bastante consideráveis (cf. mapa à p. 162).

Nos primeiros anos de seu reinado, Herodes, que será chamado "o Grande"[101], se devotará sobretudo a eliminar qualquer possível adversário interno: mata todos os seus possíveis opositores, em torno de uma dezena de membros do sinédrio, juntamente com Mariamne, sua esposa, e os filhos Alexandre e Aristóbulo e, mais tarde, o primogênito Antípatro. Herodes se nos apresenta, então, como um tirano desconfiado e suspeitoso, pronto a suprimir qualquer um que lhe possa fazer

101. O título já era conhecido por Flávio Josefo.

sombra. Os historiadores da época, Flávio Josefo em particular, dão sobre ele um juízo bastante negativo. A figura de Herodes, que alguns historiadores contemporâneos definiram como psicopata, está, portanto, bastante de acordo com o personagem apresentado pelo Evangelho de Mateus (2,13-18) a propósito da "chacina dos inocentes".

Todavia, do ponto de vista político, Herodes demonstrou grande habilidade e iniciativa fazendo bom uso de suas enormes riquezas, as quais aumentou ainda mais graças a uma crescente carga fiscal. Ainda hoje é possível admirar o resultado do seu ambicioso projeto de construção civil: reconstruiu a cidade de Samaria; reconstruiu a antiga torre de Straton como uma cidade nova com o nome de Cesareia Marítima, chamada assim em homenagem ao imperador, a qual se tornará mais tarde a sede do procurador romano e do administrador imperial. Além disso, a obra de Herodes é de singular importância pelas fortalezas militares que ergueu para proteger as fronteiras do reino, entre estas o Heródio, em Belém, a fortaleza Maqueronte e a de Massada, ao redor do Mar Morto. Pode-se recordar ainda seus palácios, como o de Jericó, a Fortaleza Antônia, em Jerusalém, as torres da cidade, uma das quais resiste ainda hoje e, por fim, um anfiteatro e um hipódromo.

Contudo, a obra mais importante é, sem dúvida, a ampliação do Templo de Jerusalém, uma empresa monumental iniciada em 19 a.C., e que se estendeu até o tempo de Jesus (cf. Jo 2,20). Os trabalhos serão concluídos apenas em 63 d.C., sete anos antes de sua destruição completa pelas tropas romanas.

Portanto, Herodes conseguiu constituir um reino politicamente seguro e economicamente estável, mas jamais conseguiu obter o apreço popular, ao menos o dos judeus. De fato, ele não era realmente judeu, mas idumeu, e o que torna sua situação ainda mais delicada é o fato de que devia governar uma população mista, na qual ainda que os judeus fossem maioria, estavam em meio a gregos e outros habitantes de diversas culturas e religiões. De certo modo, Herodes procurou parecer uma espécie de benfeitor dos judeus, como o demonstram os trabalhos de ampliação do Templo, a observância formal da

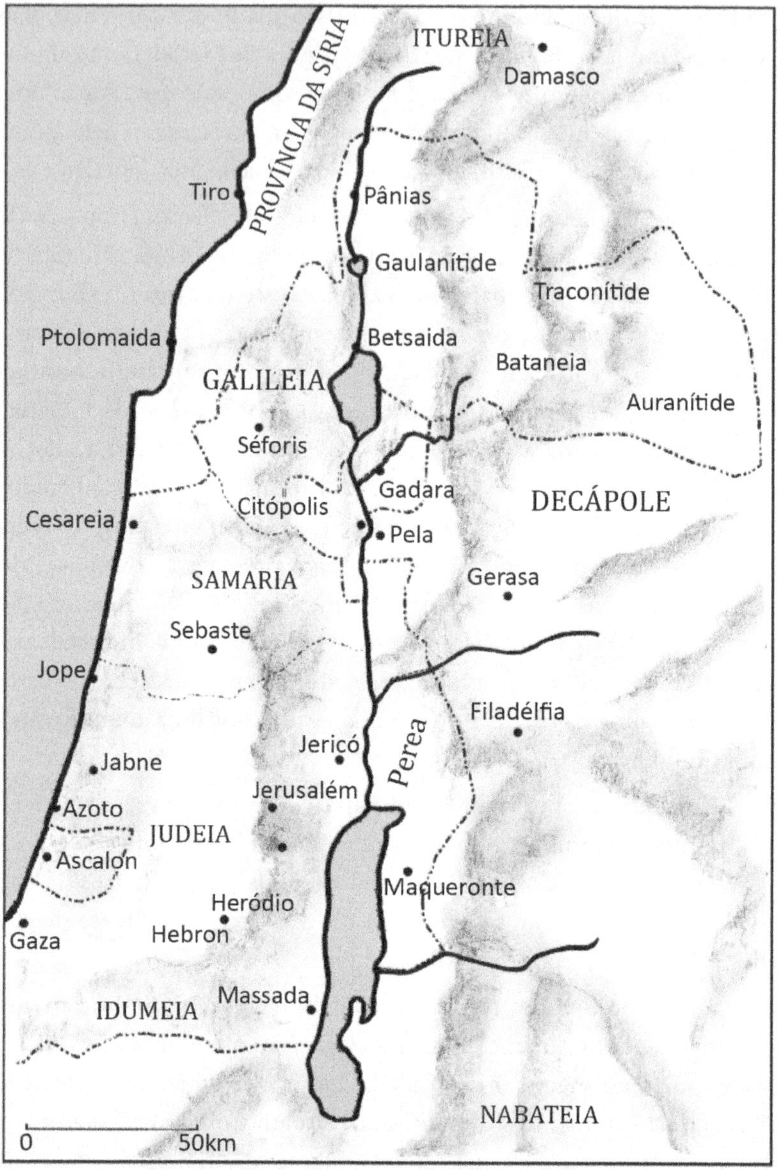

O reino de Herodes o Grande

Lei mosaica e, particularmente a intensa negociação diplomática em favor dos direitos dos judeus da diáspora, entre os quais ele procurava o apoio que não encontrava entre os judeus ligados à velha dinastia asmoneia. Na verdade, Herodes aboliu o princípio da sucessão ao encargo de sumo sacerdote, reservando a si o direito de sua nomeação, comportando-se, neste sentido, como um verdadeiro déspota. Além disso, ele favoreceu largamente o processo de helenização enviando dois de seus filhos para estudar em Roma, construindo em Jerusalém um teatro e um anfiteatro e, em outros lugares, ergueu até mesmo templos pagãos, dando às novas cidades que fundava uma marca tipicamente grega, demonstrando-se grande amigo dos romanos. Na verdade, Herodes se conformava bastante bem aos costumes político-religiosos típicos do Império Romano, o que sem dúvida escandalizava os judeus mais piedosos que sempre o consideraram um estrangeiro.

Dois ou três anos antes de sua morte (4 a.C.) situa-se historicamente o nascimento de Jesus Cristo[102].

8.2 Movimentos religiosos, partidos e correntes

Ao ler o Novo Testamento nos deparamos várias vezes com nomes como "fariseus", "saduceus", "herodianos", "zelotes", "escribas". Desde a época dos Macabeus, o judaísmo encontra-se subdividido em vários grupos sociais, políticos e religiosos, com frequência diferentes uns dos outros, o que atesta a existência de um real pluralismo no interior do judaísmo daquele tempo.

---

102. É sabido que a data do nascimento de Jesus não coincide com o nosso calendário. A data de seu nascimento foi estabelecida pelo monge Dionísio o Pequeno (séc. VI d.C.), baseando-se na interpretação errada dos dados cronológicos apresentados em Lc 3,1.23. O Evangelista afirma na verdade que, no décimo quinto ano do império de Tibério (uma data que pode variar entre 27 e 29 d.C. segundo os calendários da época), Jesus tinha cerca de trinta anos (Lc 3,23). Mateus, por sua vez, data o nascimento de Jesus *antes* da morte de Herodes, que ocorreu no ano 4 a.C. e, por outro lado, Lucas menciona Herodes na ocasião da morte de João Batista (Lc 1,5), o que sugere que Jesus tenha nascido quando Herodes ainda estava vivo. Tudo isso nos leva naturalmente a colocar o nascimento de Jesus por volta do ano 6-7 a.C.

O judaísmo apresenta uma realidade mais plural do que se supôs durante muito tempo: grupos com concepções diferentes e diversas correntes religiosas, verdadeiros partidos em grande parte já existentes deste o século II a.C., com frequência contrários entre si. Veja-se, por exemplo, o caso dos essênios e da sua ruptura com o judaísmo do Templo, antes e posteriormente, dentro do próprio movimento (cf. adiante).

Neste subtítulo o leitor encontrará uma descrição sumária dessas realidades que caracterizam o pano de fundo sobre o qual se desenrola a narrativa dos evangelhos[103].

a) Os fariseus

Flávio Josefo fala da existência de três grandes correntes no interior do judaísmo que ele procura comparar às escolas filosóficas gregas: os fariseus, os saduceus e os essênios, além de um quarto grupo mencionado posteriormente, os zelotes. Falar sobre orientações ou tendências parece mais preciso do que apresentá-los como grupos fechados em si mesmos: o historiador judeu usou o termo grego *hairesis*, que se traduz por "seitas", uma escolha não muito feliz (cf. At 5,17; 15,5 etc.).

Josefo – que pertencia ao grupo dos fariseus – os apresenta como aqueles que procuravam viver em plena conformidade com a *Tôrah*, isto é, eram mais fiéis às tradições do judaísmo tal qual parametrizado pela Lei mosaica. O nome "fariseus" provém provavelmente (sobre este ponto paira ainda grande incerteza) do hebraico *pherushim*, em aramaico *pherisshayya*, de uma raiz que significa "separar", expressão que evidencia um aspecto característico dos fariseus. Entre

---

103. Para um aprofundamento mais detalhado sobre este assunto, remeto a textos especializados como: LOHSE, E. *L'ambiente del Nuovo Testamento.* Bréscia: Paideia, 1980. • PENNA, R. *L'ambiente storico-culturale delle origini cristiane.* 5. ed. Bolonha: EDB 2006. • SCHÜRER, E. (et al.). *Storia del popolo giudaico al tempo di Cristo.* 2 vol. Bréscia: Paideia 1985-1987. • Mais simples, mas muitíssimo interessante, é o belo texto de P. Sacchi, *Gesù e la sua gente* (Cinisello Balsamo: San Paolo, 2003).

si eles chamavam-se *haberim*, isto é, "companheiros", ou ainda *hakhamim*, "sábios", expressões que sublinham a unidade e coesão do grupo que formavam[104].

A origem dos fariseus é assunto ainda discutido; todavia, pode-se situá-la na época dos Macabeus, talvez com os já mencionados *hasidim*, os "piedosos", aos quais 1Mc 2,42 faz referência. Este grupo de fiéis à Lei que contribuíram para a estruturação da revolta dos Macabeus afastou-se muito cedo da política asmoneia, provavelmente já com João Hircano I e sobretudo com Alexandre Janeu os quais, segundo a compreensão dos fariseus, tinham se afastado do ideal de fidelidade à Lei e de pureza que estes perseguiam, ideal este que tinha animado os primórdios da revolta macabaica.

No tempo do Novo Testamento os fariseus pertenciam majoritariamente à classe média-alta da sociedade, eram pouco numerosos (apenas 6.000 segundo Flávio Josefo) e não pertenciam a classes sacerdotais, mas, a despeito disto, eram extremamente influentes na sociedade. Eles constituíam uma comunidade relativamente fechada, caracterizada pela oração e pela fidelidade minuciosa aos preceitos da Lei, transmitidos e interpretados pela tradição oral. Este é um elemento característico dos fariseus, ao lado da Escritura, eles aceitavam também todo o complexo de tradições não escritas transmitidas oralmente pelos mestres da Lei, os escribas. O texto de Mc 7,3 recorda o valor que os fariseus atribuíam à "tradição dos antigos".

A multiplicidade de tradições às quais os fariseus tinham especial atenção, em primeiro lugar a observância do sábado, as leis de pureza ritual e alimentar e o pagamento do dízimo para o Templo, não deve ser vista como puro legalismo. Esta postura nasce de motivações profundamente religiosas, da compreensão de que a *Tôrah* espelhava a vontade de Deus para os homens. O Novo Testamento contém vários exemplos destas normas legais que eles seguiam, normas que tinham também o escopo de se manter longe dos pecadores e dos pagãos e que, exatamente por isto, confirmavam o desprezo pelo "povo da ter-

---

104. Cf. STEMBERGER, G. *Farisei, sadducei, esseni*. Bréscia: Paideia, 1993.

ra", ou seja, a massa do povo que não observava plenamente a Lei. Nesse sentido, pode-se recordar os textos de Jo 7,49 e a conhecida parábola do fariseu e do publicano em Lc 18,9-14: neste último texto o fariseu não exagera ao recordar seus atos cotidianos (oração, jejum e esmola), ele fala simplesmente daquilo que um fariseu fazia todos os dias.

Uma oração farisaica bem conhecida, atribuída ao rabi Nehunya b. ha-Qana quando deixava a escola da sinagoga, exprime esta consciência de pertencer à parte escolhida de Israel:

> Agradeço-te, Senhor meu Deus, porque me destes a minha parte entre aqueles que se assentam na casa do ensinamento (a escola da sinagoga) e não entre aqueles que se assentam nas esquinas das estradas. Eu, de fato, me levanto cedo; também esses se levantam cedo. Eu me levanto cedo para as palavras da Lei; esses se levantam cedo para coisas fúteis. Eu me fatigo e recebo recompensa. Eu corro; também esses correm; eu corro para a vida do mundo futuro, mas esses correm para a fossa da perdição (Talmude bab., *Ber.* 28b).

Na verdade, de um ponto de vista doutrinal, os fariseus eram bastante abertos, acolhendo com frequência posicionamentos teológicos novos para o judaísmo, posicionamentos que os saduceus, em contrapartida, refutavam. Dentre estes estava a fé na ressurreição (cf. a controvérsia entre Jesus e os saduceus em Mc 12,18-28, quando os fariseus apreciam a resposta de Jesus, v. 28); a fé na existência de anjos e espíritos; a defesa da liberdade humana e ao mesmo tempo a confiança na Providência Divina. No texto de At 23,6-9, Paulo declara-se fariseu e é defendido por eles por ocasião de uma polêmica contra os saduceus.

De um ponto de vista político, os fariseus eram de certo modo neutros, mas essa neutralidade nascia da política vista por eles numa perspectiva explicitamente religiosa. Assim, ao contrário dos saduceus, eles se negaram à fidelidade aos asmoneus e, posteriormente, também a Herodes, já que viam nele uma traição da fé judaica. Por outro lado, sob o domínio romano, que tampouco eles aceitavam, foram contrários à política extremista dos zelotes que levou à segunda revolta trágica contra Roma.

No Novo Testamento e particularmente nos evangelhos, o grupo dos fariseus recebeu uma conotação completamente negativa, de tal modo que "fariseu" se torna quase que sinônimo de "hipócrita". As acusações que Jesus dirige aos fariseus são bastante decisivas:

> *Ai de vós, escribas e fariseus, hipócritas, porque bloqueais o Reino dos Céus diante dos homens! Pois vós mesmos não entrais, nem deixais entrar os que querem fazê-lo. [...]*
>
> *Ai de vós, escribas e fariseus, hipócritas! Sois semelhantes a sepulcros caiados, que por fora parecem bonitos, mas por dentro estão cheios de ossos de mortos e de toda podridão. Assim também vós: por fora pareceis justos aos homens, mas por dentro estais cheios de hipocrisia e de iniquidade. [...]*
>
> *Serpentes! Raça de víboras! Como haveis de escapar ao julgamento da geena?* (Mt 23,13.27-28.33).

As acusações de hipocrisia referem-se sobretudo ao comportamento farisaico de separação do profano que, como já foi dito, podia adquirir ares de um comportamento de superioridade, beirando quase o desprezo, como se pode observar na oração recordada anteriormente. Contudo, vale lembrar que sobre este ponto os evangelhos refletem as controvérsias posteriores entre judaísmo e cristianismo, que contribuíram largamente para acirrar os contrastes e sublinhar os aspectos negativos dos fariseus. De qualquer modo, depois da segunda revolta – que, como veremos, marcará o fim político de Israel como nação – eles permanecerão como os únicos guias espirituais do povo e se responsabilizarão por sua sorte, lançando assim as bases do judaísmo atual.

b) Os escribas

Ao lado dos fariseus, é necessário recordar um grupo mais restrito que não pode ser considerado um verdadeiro movimento, como o dos fariseus, mas que, ainda assim, constituía-se como um grupo de grande influência: o dos escribas. Os escribas, também conhecidos no Novo Testamento como "mestres" (Lc 2,46; Jo 3,10) ou "doutores da Lei" (Lc 5,17; At 5,34), normalmente não eram sacerdotes e tinham como primeira função o estudo, a interpretação e o ensinamento da Lei mosaica.

No judaísmo pós-exílico a observância da *Tôrah* se torna cada vez mais importante na vida do povo, sobretudo a partir da reforma de Neemias e Esdras. Estritamente falando, a *Tôrah* indica o conjunto dos cinco primeiros livros da Bíblia Hebraica, que os cristãos identificam com o termo grego "Pentateuco". Em sentido amplo, o conceito grego de *Tôrah* exprime a Lei, compreendida como vontade e revelação divinas, na sua dúplice expressão: escrita – a Sagrada Escritura – e oral – a Tradição. Como já foi dito, os fariseus defendiam a fidelidade à *Tôrah* e à tradição não escrita dos pais como critério basilar para o judeu fiel. Os escribas, por sua vez, são necessários como intérpretes autorizados desta Lei. Eles surgiram já na época helenística e eram sem dúvida uma classe muito influente no tempo de Ben Sirac, ele mesmo, provavelmente, um escriba. O critério para tornar-se escriba não era o nascimento, mas a frequência e os estudos junto a escolas mantidas por mestres renomados, depois do que alguém se tornava "doutor da Lei". Doutores da Lei eram personagens ilustres e influentes a quem o povo se dirigia com o título de *rabbi*, ou seja, "meu senhor". Durante o período helenista, foram os rabinos que salvaram o judaísmo de um possível desaparecimento, preservando suas tradições no momento de maior influência da cultura grega.

Na época de Jesus, os rabinos eram os verdadeiros guias espirituais do povo, os personagens de maior consideração na sociedade judaica, muitas vezes exercendo a função de juízes ou de professores: o próprio Jesus foi considerado várias vezes um *rabbi* nos evangelhos (cf. as polêmicas observações contidas em Mt 23,6-7; Mc 12,38-39; Lc 11,43). Muitos debates apresentados pelos textos evangélicos são verdadeiras disputas rabínicas, as quais se faziam ecoar nas duas grandes escolas da época, dos rabinos Hillel e Shammay. Paulo, por sua vez, afirma ter sido educado na escola do reconhecido rabino

Gamaliel (At 22,3; cf. At 5,34). A partir do início da era cristã, nascerão textos de rabinos que ainda hoje norteiam a vida dos judeus, a *Mishnah* e o *Talmude*. Nessas obras são recolhidas as tradições rabínicas precedentes, as decisões jurídicas, morais e religiosas que regulam a vida dos judeus e, sobretudo, os comportamentos e as interpretações rabínicas da Escritura que influenciarão o cristianismo.

c) Os saduceus

O nome "saduceu" deriva provavelmente de Sadoc, chefe de uma família sacerdotal e sumo sacerdote na época de Salomão (1Rs 2,35). Os saduceus eram, após o exílio, a família sacerdotal mais importante, da qual, ao menos até a época macabaica, era escolhido o sumo sacerdote. Com os asmoneus, a família sadocita foi excluída do sumo sacerdócio, em benefício dos próprios asmoneus, que, mesmo assim, procuraram manter sempre um bom relacionamento com a classe sacerdotal a qual paulatinamente tornou-se um verdadeiro partido.

Os saduceus formavam um grupo restrito, composto em grande parte pela aristocracia sacerdotal de Jerusalém, politicamente muito mais influentes que os fariseus. Ao contrário do que costumeiramente se crê, os saduceus tinham uma tendência fortemente tradicionalista: apelando apenas à autoridade das Escrituras, recusavam a tradição oral aceita pelos fariseus. Os saduceus não aceitavam qualquer nova tradição teológica tais como as já citadas a propósito dos fariseus, como por exemplo, a ressurreição. O eco destes debates também aparece nos evangelhos (Mc 12,18-28; cf. At 23,6-10).

De um ponto de vista político, o conservadorismo religioso característico dos saduceus os favoreceu no que tange à assunção de posições de prestígio, conservadas por meio de alianças, acordos e concessões firmadas com o governo da situação, primeiro com os asmoneus, depois com Herodes e em seguida com os romanos. De fato, durante a dominação romana, os sumos sacerdotes eram escolhidos dentre os saduceus. Mas, a influência política não coincide com uma real influência sobre o povo, ao contrário dos fariseus. Depois da destruição do Templo, em 70 d.C., os saduceus, e com eles toda a classe sacerdotal, desapareceram definitivamente do judaísmo.

É possível que a opinião do sumo sacerdote Caifás, apresentada em Jo 11,48 sobre a necessidade de que Jesus morresse para que não se corresse o risco de serem destruídos pelos romanos, reflita a percepção dos saduceus em relação a Jesus: o seu movimento era considerado perigoso de um ponto de vista político, pois poderia causar uma repressão pelos romanos com os quais os saduceus, ao contrário, procuravam um acordo. A presença dos "chefes dos sacerdotes", quase sempre saduceus, na cena do processo de Jesus coloca em evidência o aspecto político das acusações que lhe eram imputadas.

d) Os zelotes e os sicários

Ao lado dos fariseus, saduceus e essênios, Flávio Josefo apresenta um quarto grupo que ele define como aqueles que eram animados por uma grande paixão pela liberdade, convictos de que só Deus é o guia e o Senhor de Israel. Tratar-se-ia da ala mais extremista do partido dos fariseus, influenciados ainda por tendências apocalípticas. Segundo Flávio Josefo, essa "escola filosófica" teria surgido depois do ano 6 d.C. quando os romanos assumiram o controle sobre a Judeia, depois de terem deposto Arquelau. Nesse ano os romanos teriam ordenado um recenseamento para a melhoria do sistema de cobrança de impostos. Tal recenseamento teria encontrado forte resistência entre muitos judeus, guiados, segundo o historiador judeu, por certo Judas de Gamala, chamado Judas o Galileu (At 5,57), que – usando as expressões de Flávio Josefo – tinha uma "filosofia" muito simples: recusar completamente a dominação estrangeira usando como método a luta armada. De um ponto de vista religioso, os zelotes, isto é, aqueles que tinham grande zelo pela Lei, consideravam a dominação romana como o fruto do pecado de Israel, agravado pela neutralidade ou até favorecimento dos fariseus e saduceus. A luta até a libertação do povo, ou até a própria morte, é o único meio para restaurar o senhorio divino. Na verdade, as informações fornecidas por Flávio Josefo não são muito precisas: os "zelotes" surgiram como grupo organizado apenas por ocasião da primeira revolta contra os romanos, por volta do ano 66 d.C., e, além disso, a identificação dos zelotes como a "quarta filosofia" citada pelo historiador não é segura.

Ao lado destes pode-se situar o movimento dos "sicários", isto é, daqueles que tinham consigo a *sica*, palavra latina para identificar o punhal com o qual eles matavam suas vítimas, em geral, funcionários romanos e judeus considerados colaboradores de Roma. Sicários e zelotes, malvistos pelos próprios fariseus, consideravam-se como a verdadeira alma de Israel e serão, de fato, os promotores das reiteradas revoltas contra Roma. Ainda que, como se disse, a sua atividade se situe sobretudo depois da metade do século I d.C., tendências zelotes estiveram presentes certamente desde o início desse século. Em Lc 6,15 e At 1,13 um dos discípulos de Jesus é chamado de Simão Zelote[105]; a conhecida controvérsia sobre o tributo devido ao imperador (Mc 12,13-17 e par.) reverbera esta dualidade de posições, pró ou contra a ocupação romana.

e) A literatura henóquica e apocalíptica

A partir da reforma de Neemias e Esdras ocorre em Israel uma mudança radical que levará ao surgimento daquilo que se convencionou chamar judaísmo. A sociedade será organizada ao redor de dois pontos de referência, a Lei e o Templo: a Lei, expressão da vontade de

---

105. Se este Simão era ou não membro do partido dos zelotes é algo ainda muito discutido: alguns sugerem que ele fosse chamado assim pelo fato de ser um zeloso seguidor da Lei, como Paulo diz de si mesmo em Gl 1,14 e Fl 3,6. Um outro caso que gera discussão diz respeito a Barrabás, que alguns consideraram um zelote ou um sicário: de fato em Jo 18,40 ele é apresentado como um "bandido", um termo comumente usado pelos romanos, e também por Flávio Josefo para definir os zelotes; Mc 15,7 relaciona Barrabás a uma rebelião na qual houve um homicídio. Sobre os zelotes, cf. HENGEL, M. *Gli Zeloti*. Bréscia: Paideia, 1996 (orig. alemão: 1976).

Deus; o Templo, símbolo da unidade do povo. A maior preocupação para um israelita piedoso, tal como será mais tarde para o movimento farisaico, dirá respeito propriamente à observância da lei, ao culto e à separação daquilo que é profano, em primeiro lugar, do contato com os outros povos. As práticas distintivas do sábado e da circuncisão serão acentuadas de modo particular. A perda da liberdade política certamente contribuiu para o acirramento destas posturas separatistas.

É nesse período, entre os séculos IV e V a.C., que começa a se desenvolver no judaísmo um movimento de pensamento que os modernos procurarão definir com o nome de "apocalíptica", do termo grego que significa "revelação" (cf. Ap 1,1). Mas hoje é evidente que a palavra "apocalíptica" nada mais é do que uma etiqueta criada *a posteriori* que procura definir uma realidade muito mais complexa. Por isso, deveremos distinguir entre movimentos apocalípticos e "apocalipse", compreendido como gênero literário. De qualquer modo, aquilo que chamamos genericamente de "apocalíptica" é radicalmente diferente da profecia clássica. Enquanto os profetas denunciam a infidelidade do povo no tempo presente e ao mesmo tempo anunciam uma intervenção divina para o futuro, que renovaria o curso da história, o movimento apocalíptico vê a história presente como uma realidade completamente negativa, um mundo perverso e corrompido que Deus fará desaparecer, criando algo de totalmente novo e instaurando o seu reino. As raízes deste novo modo de pensar já se encontram na própria Bíblia, na segunda parte de Zacarias (9–14) e no Livro de Jó. Note-se como com tons dramáticos Joel anuncia a chegada do "dia do Senhor", dia de juízo e salvação:

Tocai a trombeta em Sião,
Dai alarme em minha montanha santa!
Tremam todos os habitantes da terra,
Porque está chegando o dia de Iahweh*!*
Sim, está próximo!
Um dia de trevas e escuridão,
um dia de nuvens e de obscuridade!
Como a aurora, espalha-se sobre as montanhas

um povo numeroso e poderoso,
Não existiu jamais outro como ele,
E nem tornará a existir, depois dele,
De geração em geração (Jl 2,1-2).

Portanto, encontramos-nos diante de uma viva espera da iminente vinda do Reino de Deus que mudará e destruirá este mundo, irremediavelmente perdido.

Mas a ideia geradora do pensamento apocalíptico encontra-se em um grande texto que marcará a história do judaísmo daquele tempo, mesmo que não tenha entrado no cânon das Escrituras Sagradas, o *Livro de Henoc*. A composição desse livro inicia-se já no século V a.C., e será levada a termo apenas às portas da era cristã. O *Livro de Henoc* é lembrado também no Novo Testamento, na Carta de Judas (v. 14-16).

Nos trechos mais antigos do *Livro de Henoc* (o chamado *Livro dos Vigilantes* 6–36) o problema de fundo é o da origem do mal e a solução apresentada é a de que o mal presente no mundo não depende das transgressões humanas, mas do pecado de um grupo de anjos, graças aos quais a corrupção definitivamente entrou na história. Portanto, a salvação não poderá vir da observância da Lei, que no pensamento de *Henoc* não tem mais grande importância, assim como o culto celebrado no Templo de Jerusalém, mas virá de uma intervenção divina, que destruirá o mal no julgamento final das almas, tudo dentro de uma visão da história como inteiramente predeterminada por Deus.

É provável que na Bíblia o Livro do Eclesiastes e mais tarde também o Livro de Ben Sirac (Eclesiástico) entrem em confronto com esse novo modo de pensar.

O *Livro de Henoc* inaugura um novo estilo literário, o do "apocalipse", que caracterizará muitos outros textos pelo menos até o século II d.C. Recordamos, por exemplo, a *Ascenção de Moisés*, *Henoc eslavo*, o *Apocalipse de Sofonias*, o *Apocalipse siríaco de Baruc*, o *Quarto Livro de Esdras*, o *Apocalipse grego de Baruc* etc., textos não incluídos nos cânones hebraico e cristão, à exceção de *Daniel* para a Bíblia Hebraica e o *Apocalipse de João* para a Bíblia cristã, dois textos que, todavia, são apocalípticos mais por seu estilo do que por seu conteúdo[106]. Todos estes textos têm características marcantes: o uso da pseudoepigrafia, ou da atribuição das revelações concernentes ao mundo celeste a personagens ilustres do passado como *Henoc*, Baruc, Moisés; o uso em larga escala de uma linguagem alegórica e de uma forte marca escatológica. Além disso, estes textos se apresentam como destinados a grupos de eleitos aos quais é revelado um "mistério" que apenas o vidente é capaz de decifrar (cf., p. ex., Ap 10,7)[107].

O primeiro grande impulso da apocalíptica dá-se a partir do século II a.C., após a perseguição religiosa de Antíoco IV. Este evento foi interpretado como um elemento da crise que precede o fim deste mundo: assim, a apocalíptica se torna uma tentativa de responder aos momentos perturbadores da história de Israel. Esta resposta, no entanto, considerando o radical pessimismo sobre o momento presente, não pode ser outra que a espera por um futuro diferente. Por isso, a apocalíptica foi definida corretamente como uma literatura para um tempo de crise. Este pode ser o caso de Daniel, composto provavelmente no final da época macabeia, todavia, nesse texto, o pessimismo típico do *Livro de Henoc* não existe, assim como uma visão determinista da história. Contudo, o Livro de Daniel oferece uma visão da história radicalmente oposta ao pragmatismo e ao realismo político dos Macabeus: na ideologia macabaica a salvação vem de Deus, mas, através da ação heroica dos israelitas fiéis e mediante

---

106. A tradução italiana de muitos destes textos pode ser encontrada em SACCHI, P. (org.). *Apocrifi dell'Antico Testamento.* Bréscia: Paideia [3 vol. 1981-1999]. Para uma introdução geral, cf. SACCHI, P. *L'apocalittica giudaica e la sua storia.* Bréscia: Paideia, 1990. [N.T.: Uma boa edição espanhola de vários destes textos apócrifos pode ser encontrada em MACHO, D. & PIÑERO, A. *Apocrifos del Antiguo Testamento.* 4 v. Madri: Ediciones Cristandad, 1994.]

107. Cf. MAZZINGHI, L. I misteri di Dio: dal libro della Sapienza all'Apocalisse. In: BOSETTI, E. & COLACRAI, A. (orgs.). *Apokalypsis*: Percosi nell'Apocalisse in onore di Ugo Vanni. Assis: Cittadella, 2005, p. 147-182.

força de suas armas; em Daniel, ao contrário, espera-se com confiança a intervenção final de Deus que não pode tardar. Veja-se como exemplo o célebre sonho da estátua, narrado no segundo capítulo, e os cálculos precisos sobre a cronologia relativa aos eventos futuros (Dn 7,25; 12,7), elementos típicos da apocalíptica.

A partir deste período multiplicam-se as obras de caráter apocalíptico (cf. as citadas anteriormente), dando vida a uma corrente muito rica e variada. Dentre as muitas características que estes textos têm em comum, a mais importante é a de serem portadores de uma certeza absoluta: o fim deste mundo radicalmente corrompido e a irrupção de um mundo novo. Ao lado desta ideia vale recordar a fé na imortalidade da alma, na ressurreição dos mortos, no julgamento divino, e, em muitos casos, na vinda do Messias, aquele que já Daniel (cf. 7,13-14) apresenta como o "Filho do Homem".

O judaísmo oficial procurará suprimir estas tendências apocalípticas as quais, ao menos em partes, serão aceitas no cristianismo. O Livro do Apocalipse, que se diferencia do pensamento enóquico (note-se a ausência de uma ideia de origem não humana do mal e de uma visão determinista da história), é a prova mais evidente dessa influência.

Contrariamente ao que já foi sustentado, a apocalíptica não é um movimento de pensamento que incita os seres humanos a omitir-se da história, confiando-a ao juízo divino. A espera pelo Reino de Deus constituiu-se como uma importante motivação para o cristianismo, uma tensão ativa em direção ao futuro que caracterizou grande parte da história do Ocidente.

f) Os essênios e a comunidade de Qumran

Dois historiadores do século I d.C., o judeu Flávio Josefo e o romano Plínio o Velho, além de seu contemporâneo, o filósofo judeu de Alexandria do Egito, Fílon, deram notícias da existência de um outro grupo religioso dentro do judaísmo com características bastante peculiares chamado "essênios"[108]. Flávio Josefo estima que o número de membros deste grupo girava em torno de 4.000. Esses autores recordam o estilo de vida dos essênios, caracterizado por sua escolha por uma vida fora da sociedade, em vilas isoladas, onde se agrupavam em comunidades muito bem organizadas, e, ao mesmo tempo, muito fechadas, identificadas por uma disciplina interna bastante rígida e pela adoção do princípio da comunhão de bens, tanto que já se falou, mesmo que inapropriadamente, de um verdadeiro movimento "monástico" dentro do judaísmo.

Plínio o Velho, morto em 79 d.C., destaca o ascetismo e a rigorosa exigência moral como primeira e evidente característica deste grupo:

> É um povo único em seu gênero e admirável no mundo inteiro, mais do que qualquer outro: sem nenhuma mulher e tendo renunciado inteiramente ao amor; sem dinheiro e tendo por única companhia as palmeiras. Dia após dia esse povo renasce em igual número, graças à grande quantidade dos que chegam. Com efeito, afluem aqui em grande número aqueles que a vida leva, cansados das oscilações da sorte, a adotar seus costumes (*Naturalis historia* V, p. 71-73).

O historiador romano impressiona-se especialmente pelo costume essênio do celibato, um hábito que, mesmo não sendo exclusivo, constitui-se certamente como uma novidade para o judaísmo[109].

---

108. A etimologia deste termo é desconhecida. O próprio nome como tal é ainda discutido: enquanto Flávio Josefo fala em *essènoi*, Fílon usa o termo *essaioi*. Uma boa introdução ao movimento dos essênios, e, ao mesmo tempo, aos documentos descobertos em Qumran e a sua relação com os essênios pode ser encontrado no inovador estudo de G. Boccaccini, *Oltre l'ipotesi essenica*: Lo scisma tra Qumran e il giudaismo enochico (Bréscia: Morcilliana, 2003). Cf. FITZMYER, J.A. *Qumran*: Le domande e le risposte essenziali sui Manoscritti del Mar Morto. Bréscia: Queriniana, 1994. Algumas boas apresentações mais populares: MÉBARKI, F. & PUECH, E. *I Manoscritti del Mar Morto*. Milão: Jaca Book, 2003. • I manoscritti del Mar Morto: Ultime notizie. In: *Il Mondo della Bibbia* 5 (2004). A respeito da teologia típica da comunidade de Qumran vale conhecer a obra de IBBA, G. *La teologia di Qumran*. Bolonha: EDB, 2002.

109. Estudos recentes demonstraram a existência de essênios casados.

Outra característica da vida dos essênios é a observância rígida e minuciosa das prescrições rituais de pureza: as vestes brancas, o alimento em comum e segundo regras alimentares muito precisas, e também banho ritual, eram algumas das práticas mais importantes. A própria vida da comunidade, vivida em perfeita sintonia com a Lei, substituía a necessidade dos sacrifícios no Templo. Mas, uma ideia bastante enraizada no movimento é a confiança numa intervenção futura de Deus através da vinda de um Ungido (ou Messias; em alguns casos de dois Messias) que trará a paz aos seus eleitos.

De onde vêm os essênios? Uma nova luz sobre este movimento surgiu a partir de 1947, ano no qual ocorreu um extraordinário acontecimento arqueológico: a descoberta dos achados e dos documentos de *Khirbet Qumran*, uma localidade à margem norte-ocidental do Mar Morto. O sítio parece habitado por volta dos anos 140-130 a.C. a 68 d.C., com uma breve interrupção após um terremoto. Em seguida, Qumran foi destruída pelas legiões de Vespasiano durante a primeira revolta judaica. Nas grutas vizinhas, ao redor do *Wadi Qumran*, foram descobertos numerosos manuscritos, depositados em ânforas e escondidos, talvez para protegê-los das invasões romanas.

Dentre os muitos textos encontrados figuram, antes de tudo, cópias de textos bíblicos, como o importantíssimo rolo de Isaías[110]. Estes manuscritos constam entre as versões mais antigas dos textos bíblicos de que dispomos e nos permitem conhecer melhor os textos da Bíblia Hebraica, lidos, até então, com base em manuscritos medievais. Além destes, foram descobertos comentários a vários livros da Bíblia Hebraica, cópias de textos judaicos não canônicos (como o *Livro dos Jubileus*), coleções de hinos, orações e textos relativos à vida interna e à organização da comunidade, dentre os quais destaca-se a assim chamada *Regra da Comunidade*[111].

---

110. Trata-se de um rolo de 7,34m de comprimento e 26cm de largura, conservado no Museu de Israel em Jerusalém, junto a muitos outros manuscritos encontrados.

111. A edição completa dos textos pode ser encontrada em GARCÍA MARTÍNEZ, F. & TIGCHELAAR, E. (orgs.). *The Dead Sea Scrolls Study Edition.* 2 vol. Leiden: Brill, 1997-1998; Leiden-Grand Rapids: Brill-Eerdmans, 2000 (contempla especial-

A questão sobre a origem dos essênios e da comunidade de Qumran ainda não foi plenamente resolvida, mas é possível sintetizá-la tal como segue: do movimento enóquico (cf. acima) surge rapidamente um grupo de judeus animados por uma oposição sempre mais radical à dinastia asmoneia e ao sacerdócio sadocita que ela instaurou. Desse modo, o grupo dos essênios pode ser considerado o filho direto da tradição teológica que se reflete nos estamentos mais antigos do *Livro de Henoc*. A oposição ao judaísmo de então levou rapidamente os essênios a posturas separatistas sempre mais evidentes do judaísmo oficial. Guiados por um "mestre da justiça", muitos essênios decidiram retirar-se para o deserto e dedicar-se a uma vida de absoluta separação e pureza: assim, de um verdadeiro rompimento no interior do movimento essênio, nasceu a comunidade de Qumran. Portanto, os membros de Qumran devem ser vistos como a derivação radical de um movimento muito mais amplo, os essênios. Nos textos de Qumran o sumo sacerdote de Jerusalém é definido como o "sacerdote ímpio", em contraposição ao "mestre da justiça", o guia espiritual da comunidade. Na linguagem dos textos de Qumran os membros da comunidade se apresentam como os "filhos da luz", em luta contra os "filhos das trevas", luta que terminará somente no futuro, mas do qual a comunidade dos essênios se constitui como o princípio. A exigência de separação do mundo, a rígida disciplina e a exigente moralidade vivida pelos membros de Qumran são compreendidas melhor nessa perspectiva, plenamente voltada ao advento messiânico do futuro Reino de Deus.

Seguidas vezes a atividade de João Batista e alguns aspectos da vida de Jesus foram relacionados com os essênios e os membros da comunidade de Qumran. É verdade que existe uma importante afinidade verbal entre os escritos de Qumran e diversos textos do Novo Testamento, particularmente com os escritos joaninos, mas ainda não

---

mente todos os textos extrabíblicos de Qumran em língua oriental, com tradução em inglês). A tradução italiana destes textos encontra-se em GARCÍA MARTÍNEZ, F. & MARTONE, C. (org. ed. it.). *Testi di Qumran*. Bréscia: Paideia, 1996. Sobre a Regra da comunidade, cf. SACCHI, P. *Regola della comunità*. Bréscia: Paideia, 2006.

foi suficientemente comprovada a existência de reais pontos de contato entre cristianismo e essenismo, apesar da existência de temas comuns. O entusiasmo que se seguiu à descoberta dos escritos de Qumran levou, de modo particular, a apressar a identificação entre a obra de Jesus e o movimento de Qumran. De qualquer modo, o estudo destes movimentos pode levar a uma melhor compreensão do contexto no qual viveram Jesus e os primeiros cristãos: assim, por exemplo, as aspirações escatológicas e messiânicas, o desejo de um novo tipo de religiosidade, as exigências morais que caracterizam o mais vasto movimento essênico são elementos presentes também no cristianismo. Além disso, alguns aspectos do cristianismo primitivo como o celibato, a comunhão dos bens, a vida comum, podem ser melhor compreendidos à luz de costumes essênicos correlatos[112].

8.3 A vida cotidiana nos tempos do Novo Testamento

Para além dos grupos sobre os quais se acabou de falar existe a grande massa do povo que não pertencia a esses grupos. Não é possível, nesta obra, descrever em detalhes o estilo de vida, os costumes, as características da população judaica do século I d.C., por isso nos limitaremos aqui a uma apresentação genérica.

a) A situação socioeconômica

No início da dominação romana a população judaica vivia concentrada sobretudo em três regiões: na Judeia, onde era maioria; na Galileia, onde os judeus viviam juntos com os pagãos; e na Pereia, na região da Transjordânia. A população de origem judaica falava aramaico (língua afim com o hebraico), que fora importantíssima

---

112. Cf. p. ex.: STEGEMANN, H. *Gli esseni, Qunran, Giovanni Battista e Gesù*. Bolonha: EDB, 1995. • SACCHI, P. Qumran e Gesù. In: *Qumran e le origini cristiane*: Ricerche Storico Bibliche 9 (1997/2), p. 97-115.

durante a era persa, mas a língua mais usada no Mediterrâneo Oriental era ainda o grego, da qual era possível perceber a influência até mesmo sobre a língua falada em Israel.

Politicamente falando, a perda da independência, após o ano 6 d.C., quando a Judeia se torna província romana, não teve grandes repercussões na vida cotidiana. De fato, os romanos, segundo uma prática costumeira, deixaram às autoridades locais uma autonomia relativamente ampla para todas as questões internas e, de modo geral, respeitaram os costumes locais, especialmente os costumes de ordem religiosa. Portanto, o sumo sacerdote permaneceu como autoridade maior, ao lado do órgão conhecido como *sinédrio*, um conselho composto por 71 membros, sacerdotes, notáveis (os anciãos do povo, dos quais fala o Novo Testamento), majoritariamente partidários dos saduceus, seguidos, por sua vez, pelos escribas, em grande parte de proveniência farisaica. O sinédrio era uma instituição que não servia apenas como órgão de governo, mas também era investido de funções jurídicas. Os sacerdotes do Templo eram subdivididos em vinte quatro ordens ou classes (cf. Lc 1,5.8) e eram acompanhados pelos levitas que exerciam funções não diretamente sacerdotais, ainda que ligadas ao culto, como as de porteiros e cantores.

À exceção da classe sacerdotal de Jerusalém e de alguns grandes proprietários de terra, a maior parte do povo vivia em condições econômicas bastante modestas: a maior parte dos habitantes, em geral desprezada pelas classes dirigentes e tratados como "o povo da terra" (cf. Jo 7,49), dedicava-se à agricultura e à pecuária, com frequência eram assalariados, trabalhando junto a pequenos artesãos, ao comércio e às vendas. A agricultura e a pecuária eram mais comuns ao Norte, onde se praticava também a pesca, no Lago da Galileia ou no Vale do Jordão, enquanto a Judeia, mais árida, não favorecia muito mais do que uma simples economia de subsistência. Muitas profissões eram consideradas impuras, já que eram inconciliáveis com a observância das normas rituais, como os pastores, ou porque eram consideradas pecaminosas, como os cobradores de impostos. No Novo Testamento esses paradigmas são estruturalmente abalados:

cobradores de impostos e pecadores tornam-se seguidores de Jesus; Pedro hospeda-se sem dificuldade junto ao proprietário de um curtume, uma profissão considerada radicalmente impura (At 9,43). A fronteira ritual entre puro e impuro foi irremediavelmente rompida por Jesus: a impureza não vem de fora, mas de dentro de cada ser humano (Mc 7,1-23).

Jerusalém, centro religioso do judaísmo, especialmente após a reconstrução do Templo capitaneada por Herodes, gozava de maior prosperidade, mesmo que a pobreza, que com frequência levava à mendicância e ao banditismo, devesse ser muito comum, assim como as doenças (a lepra em particular) como se percebe no cenário apresentado pelo Novo Testamento. Uma das principais causas da pobreza era a pesada carga fiscal que, a partir da dominação romana, se tornou ainda mais dura. A cobrança dos impostos era terceirizada aos assim chamados "publicanos" os quais não raramente aproveitavam-se de sua situação para roubar e oprimir ainda mais as classes mais pobres. Isso justifica a hostilidade que os judeus nutriam contra os publicanos, dos quais, todavia, alguns seguem Jesus, como Mateus (Mt 9,9-13), e são paradoxalmente apresentados como exemplos de conversão (Lc 18,9-14).

b) A vida religiosa

De um ponto de vista religioso, o Templo de Jerusalém tornou-se, após as grandes obras empreendidas por Herodes, o centro de todas as atividades cultuais judaicas. A peregrinação anual dos judeus de Israel e da diáspora a Jerusalém já se estabelecera como tradição na época romana: note-se que, por ocasião da Páscoa, a população de Jerusalém, de cerca de 25.000 habitantes, chegava a triplicar. A área do Templo ocupava boa parte da cidade (cf. mapa à p. 184): o pátio externo, conhecido também como "pátio dos pagãos", ou seja, onde também os pagãos podiam ingressar, era um ambiente de comércio, como se recorda nos evangelhos (Mt 21,12-13 e par.), uma área onde se vendiam os animais para os sacrifícios e se trocavam as moedas para as ofertas e demais aquisições ligadas ao culto. Ao meio, no centro do grande pátio, encontrava-se o espaço sagrado reservado propriamente ao culto, no qual os pagãos não podiam entrar: havia ali placas indicativas – duas das quais temos ainda hoje – que informavam em latim e grego o aviso de não ingressarem no recinto sagrado sob pena de morte.

Na área central do Templo encontravam-se dois pátios diversos: um reservado "às mulheres" e outro "aos israelitas", onde as mulheres não podiam entrar. Aqui se erguia o altar dos holocaustos sobre o qual se ofereciam os sacrifícios cotidianos, uma das expressões mais importantes do culto judaico. No interior deste pátio se encontrava o santuário, também este dividido em duas partes. Na parte mais externa, voltada para o Leste, estavam o candelabro de sete hastes, a mesa dos pães que todos os sábados eram oferecidos ao Senhor e o altar sobre o qual o sacerdote duas vezes ao dia fazia a oferta do incenso (cf. Lc 1,9). A câmara mais interna, separada por uma cortina especial[113], era o "Santo dos Santos", completamente vazia, o lugar que, no Templo de Salomão, teria recebido a Arca da Aliança. Neste espaço apenas o sumo sacerdote podia entrar uma vez ao ano, no dia do *Kippur*, a grande Festa da Expiação.

Ao redor do Templo ocorriam as principais festas do calendário judaico: antes de tudo a Páscoa (*Pesach*), que acontecia no dia 14 de Nisan, correspondente aos nossos meses de março-abril, uma festa de família, mas que era aberta com a imolação do cordeiro no próprio pátio do Templo.

Outra grande festa era a *Shavu'ot* ou Festa das Semanas, que celebrava a colheita e ocorria cinquenta dias depois da Páscoa. Por isso se chamava Pentecostes, ou seja, "cinquenta (dias)", e recordava

113. Trata-se, provavelmente, do "véu do Templo" que, segundo o relato evangélico (Mc 15,38; Mt 27,51; Lc 23,45), teria se rasgado em duas partes no momento da morte de Cristo, depois da qual, segundo uma interpretação tradicional da teologia dos evangelistas, não existe mais separação ritual entre Deus e o ser humano.

a revelação de Deus sobre o Monte Sinai: a festa cristã de Pentecostes, narrada por Lucas em At 2, coincide exatamente com esta festividade judaica.

A festa mais alegre era sem dúvida a *Sukkôt*, a Festa das Tendas, celebrada entre setembro-outubro. Também esta tem origem agrícola, e mais tarde foi transformada na recordação do tempo em que o povo viveu no deserto. Nesta festa os israelitas se reuniam em Jerusalém, e durante sete dias habitavam tendas feitas com ramos, conforme uma prescrição contida na Bíblia (Lv 23,42-43), como recordação do caminho do êxodo. Durante esta festa aconteciam no Templo as cerimônias da água e da luz. É provável que numa destas ocasiões tenha acontecido os fatos narrados em Jo 7,1–10,21. Em particular 7,37-39 pode ser uma referência ao rito da água e 10,12 ao rito da luz.

Outras duas festas importantes, mas de origem mais recente, celebradas por volta do início de setembro, eram a Festa do Ano-novo, *Rosh-hashanah*, como recordação da criação do mundo e do juízo final e, um pouco mais adiante, o grande dia do *Kippur*, a Festa da Expiação, um dia de jejum e oração (cf. Lv 16). Além destas, Jesus participou também da Festa da *Hanukkah*, ou da Dedicação (Jo 10,22), durante o mês de dezembro, que recordava a reconsagração do Templo feita por Judas Macabeu depois da profanação de Antíoco IV (cf. 2Mc 10,1-8)[114].

Por fim, é bastante sabido que na base de todo o calendário judaico está a observância do sábado, um dia de repouso absoluto e de oração, regulado por preceitos minuciosos. Por isso, as acusações de Jesus (cf. Mc 2,27) são diretas contra o risco de reduzir o sábado a mero legalismo, mas não tanto contra o sábado em si.

114. Para aprofundar o tema das festas judaicas nos tempos de Jesus, cf. PETUCHOWSKI, J.J. *Le feste del Signore*. Napoli: ED, 1987.

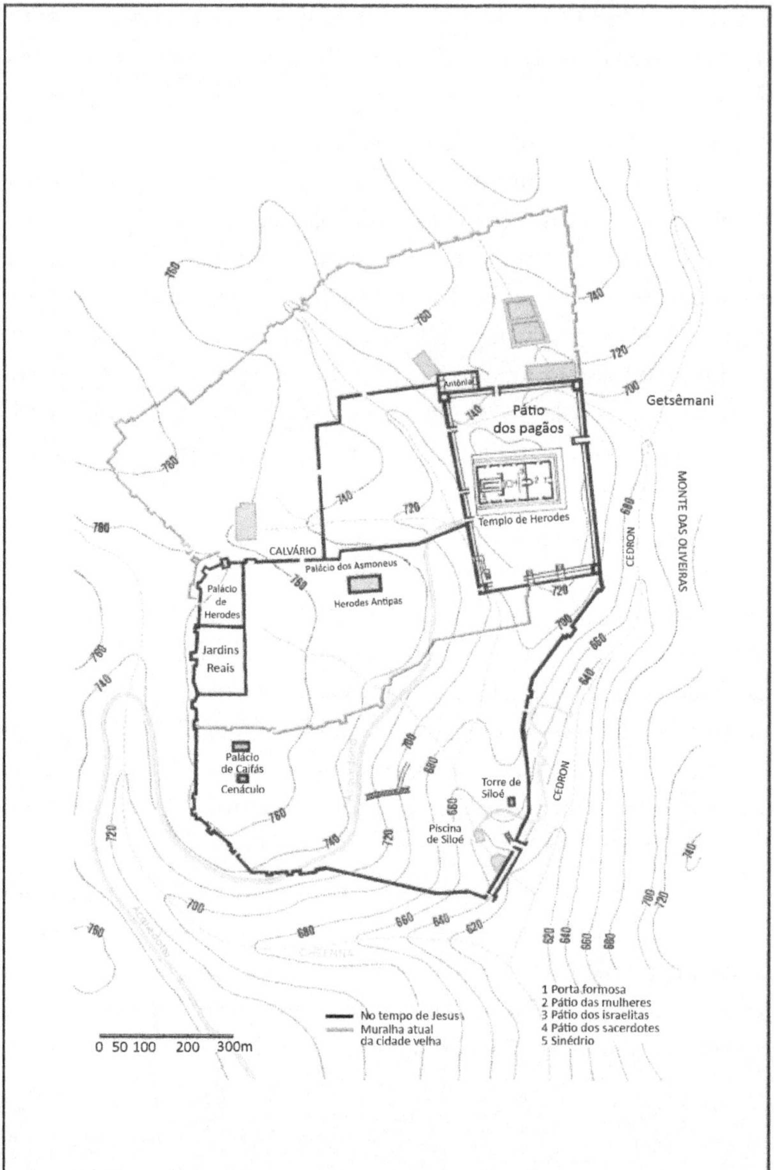

Jerusalém na época de Herodes

Fora de Jerusalém as sinagogas se difundem sempre mais, elas se tornaram o coração da vida judaica na comunidade da diáspora. Nas sinagogas acontecia a oração cotidiana, a leitura, o ensinamento e o estudo da Escritura. O centro do serviço litúrgico da sinagoga e da vida religiosa de todo judeu piedoso era a leitura da Sagrada Escritura: liam-se, em geral, dois trechos bíblicos, um da *Tôrah*, o Pentateuco, que ao longo do ano era lido em ordem e por inteiro, e outro de um texto dos profetas.

A partir do momento em que o hebraico deixou de ser a língua falada foram acrescentadas paráfrases aramaicas ao texto bíblico, os assim chamados *targumîm*, plural de *targum*, palavra aramaica que significa propriamente "tradução". Alguns *targumîm* estão ainda à nossa disposição e nos permitem conhecer o modo no qual a Bíblia era interpretada nos tempos de Cristo.

Além da leitura da Sagrada Escritura havia a prática da oração pessoal e, sobretudo, a observância dos preceitos relativos à pureza ritual, ao comportamento moral e aos costumes alimentares que regulavam a vida cotidiana da fé. Esta vida de oração e este modo de ser religioso, de modo geral bastante profundo e sincero, permitiram a sobrevivência do judaísmo mesmo depois das grandes catástrofes nacionais que se seguiram às duas revoltas contra Roma[115].

8.4 Os sucessores de Herodes e a administração romana (4 a.C.-66 d.C.)

a) A Judeia até o ano 41 d.C.

Após a morte de Herodes a Judeia transformou-se em um ambiente de graves desordens, pois o povo não aceitava um filho de Herodes como rei: uma delegação judaica apelou a Augusto, negociando a submissão a Roma em troca da autonomia interna, mas o imperador

115. Para aprofundar este assunto, cf. DI SANTE, C. *La preghiera di Israele*. Turim: Marietti, 1986.

basicamente confirmou o testamento de Herodes que dividia o reino entre seus filhos sobreviventes: a Arquelau foi confiada a Judeia, a Samaria e a Idumeia; a Filipe coube a região nordeste do Lago de Tiberíades; o terceiro filho, Herodes Antipas, tornou-se tetrarca da Galileia, da Pereia (cf. mapa à p. 196).

Depois da decisão de Augusto, Arquelau assumiu o poder na Judeia, mesmo que não com o título de rei, mas com um título inferior, o de etnarca. Seu caráter cruel e despótico emparelharam-no a seu pai: "*Mas, ouvindo que Arquelau era rei da Judeia em lugar de seu pai Herodes,* [José] *teve medo de ir para lá*" (Mt 2,22). Contudo, as queixas a respeito de Arquelau foram tão graves que Augusto foi obrigado a chamá-lo a Roma e, no ano 6 d.C., teve de exilá-lo na Gália. Assim, a Judeia tornou-se província romana da Síria, sob a administração direta de um governador militar romano com o título de *praefectus*, por vezes chamado *procurador*, com sede em Cesareia Marítima[116]. Ao sumo sacerdote é confiado o poder religioso e um poder civil bastante diminuto, mas os governadores romanos sempre evidenciaram o peso de sua ocupação, preocupados sobretudo com a ordem pública e com o recebimento dos impostos. A isto se somava uma grande dificuldade romana de compreender as tradições religiosas da mentalidade judaica que considerava como um autêntico sacrilégio qualquer disposição administrativa, mesmo as mais simples, como um recenseamento, o uso de moedas com a efígie do imperador, os triunfos, e as recepções oferecidas aos vários procuradores e, sobretudo, o culto ao imperador. Por todos estes motivos, a partir de 6 d.C. a Judeia viverá quase que uma constante situação de rebelião e de desordem, enquanto o sentimento antirromano crescerá sempre mais.

---

116. Lc 2,2 recorda certo Quirino, governador ("legado") da Síria, a quem o governador romano da Cesareia devia remeter-se nos casos de questões mais importantes. Sulpício Quirino assumiu efetivamente este encargo, mesmo que o recenseamento convocado por ele date por volta do ano 6 d.C., muito tarde, portanto, para ser aquele ao qual os evangelistas fazem referência. Chegou-se a pensar que Lucas faça menção a um recenseamento anterior do qual não temos notícia ou que tenha pretendido estabelecer um sincronismo entre o nascimento de Jesus e o recenseamento geral ordenado por Otaviano.

Dos vários governadores romanos que se sucederam no governo da Judeia é bem conhecido ao leitor do Novo Testamento o nome de Pôncio Pilatos (26-36 d.C.). Uma lápide encontrada em Cesareia, hoje conservada no Museu de Israel, em Jerusalém, atesta sua existência e seu encargo. De fato, nela se lê:

[PO]NTIVS PILATVS [PRAEF]ECTVS IVDA[EA]E

isto é: "Pôncio Pilatos prefeito (ou seja, governador) da Judeia. Fílon de Alexandria, seu contemporâneo, o descreve como um personagem violento, venal, autor de inúmeras brutalidades, de homicídios sem processos e crueldades abomináveis. Completamente indiferente frente à sensibilidade religiosa dos judeus, provocou, ao menos em duas ocasiões, verdadeiros massacres, um dos quais é recordado em Lc 13,1. Duro e impiedoso, Pôncio Pilatos certamente não é um burocrata fraco e amedrontado, inclinado à compreensão, que talvez o leitor dos evangelhos possa ter em mente. A morte de um galileu desconhecido, chamado Jesus de Nazaré, era para ele uma questão de pouca importância, talvez apenas uma pequena peça a ser movida no jogo de seus relacionamentos com as autoridades judaicas. Assim, pode-se compreender melhor a polêmica entre Pilatos e o Sinédrio que João nos apresenta (19,19-22). O final do mandato de Pilatos foi inglório: em decorrência de seu comportamento ele foi chamado a Roma e provavelmente deposto de seu cargo, ainda que as fontes à nossa disposição sejam incertas com relação a isso.

Sobre Pôncio Pilatos, é bastante conhecido o trecho de Tácito, o grande historiador romano que viveu entre os séculos I e II d.C., relativo à perseguição de Nero de 64 d.C., após o famoso (e polêmico) incêndio de Roma:

> Nero, para calar aquelas vozes[117], culpabilizou e submeteu a tormentos refinadíssimos aqueles que o povo chamava *chrestiani* e odiava por suas ações execráveis. Cristo, o fundador da seita, e de quem ela recebera o nome, tinha sido levado a

---

117. Suposições de que seria ele o autor do incêndio. Sobre o personagem Pilatos, cf. BOND, H.K. *Ponzio Pilato.* Bréscia, 2008 (ou em inglês 1998).

> julgamento pelo procurador Pôncio Pilatos durante o reino de Tibério. Mas a perniciosa superstição, repreendida por algum tempo, disseminava-se novamente, não apenas na Judeia, lugar de origem desse mal, mas também em Roma, para onde confluem e se desenvolvem todas as atrocidades e as vergonhas do mundo (*Annales* XV, 44).

b) Galileia e Transjordânia durante os reinos de Filipe e Herodes Antipas

O segundo filho de Herodes, Filipe (4 a.C.-34 d.C.), foi com certeza o melhor dentre os irmãos. De tendência tanto filohelênica quanto filorromana, foi o primeiro governador judeu a gravar sobre suas moedas a efígie do imperador. De caráter generoso e pacífico governou sem maiores incidentes uma população composta por judeus e pagãos. Filipe reconstruiu duas cidades: Betsaida às margens do Lago da Galileia, à qual chamou Júlia, em honra à filha de Augusto, e embelezou Pânias, ou Cesareia de Filipe, aos pés do Monte Hermon. Ambas são citadas nos relatos dos evangelhos: Betsaida é a terra de Pedro, André e Filipe (Jo 1,44), já na região da Cesareia, segundo Mt 16,13, é situado o episódio do primado de Pedro.

O terceiro filho de Herodes, Herodes Antipas (4 a.C.-39 d.C.), tornou-se, conforme já dito, tetrarca da Galileia, construindo sua esplêndida capital às margens do lago, a cidade de Tiberíades, assim chamada em honra ao Imperador Tibério, de quem Herodes Antipas sempre se mostrou vassalo fiel. Trata-se propriamente daquele Herodes – que não deve ser confundido com o pai – que tinha o domínio também sobre Nazaré e do qual, portanto, o próprio Jesus era súdito. Ele herdou o caráter do pai, indolente e amante do luxo, mas, ao mesmo tempo, violento e tirânico: em Lc 13,32, Jesus o define apropriadamente como “essa raposa”. O texto de Lc 23,6-12 no-lo mostra em visita a Jerusalém durante a Páscoa e afirma que ele não tinha boa relação com os procuradores romanos, uma inimizade que é confirmada também por outras fontes. No Novo Testamento, Herodes é recordado ainda por ter se casado com Herodíades, a mulher de seu irmão Herodes Filipe (outro dos filhos de Herodes o Grande). Este fato foi acusado por João Batista, que o próprio Herodes mandou decapitar (cf. Mc 6,17-29) na fortaleza Maqueronte, segundo Flávio Josefo. Quando da morte de Filipe, incitado pela mulher, Herodes Antipas tentou assumir o controle de seu território e intitular-se rei. Mas, acusado junto ao imperador, terminará por ser exilado por Calígula na Gália, em 39 d.C., onde morrerá pouco tempo depois.

c) A Judeia de 41 a 66 d.C.

No ano 37 d.C., após a morte de Filipe, o Imperador Calígula nomeou em seu lugar Herodes Agripa I, um neto de Herodes o Grande, o qual, após o exílio de Herodes Antipas, tornou-se também governador da Galileia e da Pereia. No ano 41 d.C. o Imperador Cláudio o confiará ainda a Judeia, a Samaria e a Idumeia, reconstituindo, assim, o reino de Herodes o Grande. Excetuando as duas rebeliões que se seguirão, esta será a última vez que Israel estará unificado e independente.

O início do seu reino foi agitado por um momento de grave crise: o Imperador Calígula impôs aos judeus a obrigação de construir uma estátua sua no Templo de Jerusalém, reconhecendo-lhe com honras divinas. Não obstante a mediação de Agripa estava-se às margens de uma revolta ou de uma dura repressão por parte do império que só não ocorreu graças ao imprevisto assassinato de Calígula pela guarda pretoriana, ocorrido em 41 d.C. Os contemporâneos falam de Agripa como um homem de caráter módico e pacífico, próximo aos fariseus e amigo do judaísmo. Todavia, é difícil afirmar quanto haja de verdadeiro neste seu comportamento: uma inscrição grega no-lo mostra como "rei grande, amigo de César, piedoso e amigo dos romanos". Ele não fazia questão de esconder sua cultura ou sua simpatia para com os gregos: neste sentido teria sido um digno parente de Herodes. No Novo Testamento ele é recordado como o Herodes que em 44 d.C. assassinou o Apóstolo Tiago, irmão de João, e prendeu Pedro

(At 12,1-11). Sua morte, ocorrida de repente em Cesareia em 44 d.C., é lida em chave teológica no texto de At 12,10-23.

Após a morte de Herodes Agripa I, a Judeia voltou a ser província romana. O antigo território de Filipe foi confiado ao filho de Herodes Agripa II (recordado em At 25,13–26,32 junto à sua irmã Berenice). Os procuradores romanos que se sucederam no governo da Judeia foram, se possível, ainda piores do que aqueles que lhes tinham precedido. Suas iniciativas de repressão e avidez aprofundaram ainda mais a antipatia da população que via a dominação romana como uma opressão intolerável. Todos os incidentes e revoltas que estouraram nesses anos têm, de modo geral, matrizes religiosas: as insurreições apresentadas em At 5,56-37 no discurso do Rabino Gamaliel, ainda que a datação seja bastante incerta, podem ser enquadradas neste contexto histórico. Dos vários procuradores, recordamos somente Marco Antônio Felix (52-60 d.C.) com o qual se dará o primeiro processo contra Paulo (At 24,24-26): o historiador romano Tácito afirma que ele, "com toda crueldade e avidez, exercitou o direito real com a mentalidade de um escravo" e que "acreditava poder cometer impunemente qualquer crueldade"[118].

O sucessor de Felix foi Pórcio Festo (60-62 d.C.). Sob o seu governo, Paulo foi enviado como prisioneiro a Roma (At 24,27-32). Tanto no governo de Felix quanto no de Festo, ao menos dois personagens – um dos quais deve ser o egípcio recordado em At 21,38 – comandaram violentas revoltas antirromanas, autoproclamando-se enviados por Deus para libertar Israel.

8.5 A primeira revolta judaica (66-74 d.C.)

O comportamento do procurador romano Géssio Floro (64-66 d.C.) foi a gota d'água que fez transbordar a revolta. Ele teve uma

118. "*Per omnem saevitiam ac libidinem ius regium servili ingenio exercuit*"; "*cuncta malefacta sibi impune ratus...*" (TÁCITO. *Historiae* 5,9; ID., *Annales* 12,54).

postura extremamente dura e provocatória, ousando subtrair valores do tesouro do Templo e obrigando a população de Jerusalém a acolher com solenidade suas tropas, entregando em seguida a cidade ao saque. Após estas contínuas provocações, em maio de 66 d.C. uma das tantas rebeliões populares se transformou numa verdadeira guerra contra os romanos pela libertação, a despeito da tentativa de mediação do Rei Agripa, que se dirigiu pessoalmente a Jerusalém para tentar acalmar os ânimos. Mas o partido dos zelotes conseguiu sobrepujar-se sobre a ala pacifista representada sobretudo pelos fariseus, que viam a inutilidade dessa tentativa, e, sobre os sacerdotes, com medo, talvez, de perderem seus próprios privilégios. O sumo sacerdote Ananias, considerado muito moderado, foi, contudo, assassinado, e o povo levantou-se contra a pequena guarnição romana, apenas um destacamento que Géssio Floro havia entrincheirado no palácio de Herodes, massacrando-a completamente depois que os soldados tinham se rendido com a promessa de terem a vida salva.

Pegos de surpresa pela deflagração inesperada da revolta, os romanos sofreram significativas derrotas e muito cedo quase toda a região foi tomada pelos revoltosos, que, todavia, por conta de suas divisões internas, não souberam administrar bem o sucesso inicial. Contudo, tendo dado início aos preparativos para a guerra, calaram definitivamente o partido pacifista, que certamente proclamava o absurdo de uma guerra contra Roma. Talvez, nesse período, a primeira comunidade cristã de Jerusalém, que já fora submetida a embates com as autoridades judaicas, abandona a cidade para provavelmente refugiar-se na Transjordânia, em Pela, segundo algumas fontes cristãs.

Apenas um ano depois, as legiões romanas passaram ao contra-ataque, desembarcando em Ptolomaida com cerca de 60 mil homens comandados pelo legado imperial Vespasiano. A Judeia foi rapidamente submetida. Quando Nero morreu, as operações militares foram temporariamente suspensas, o que deu aos revoltosos uma falsa esperança. Em 69 d.C. as legiões orientais aclamaram Vespasiano como imperador, o qual confiou o comando do exército a seu filho Tito.

A campanha, antes comandada por Vespasiano e agora por Tito, teve sucesso por conta da evidente superioridade militar de Roma, não obstante a obstinada resistência judaica. Assim, na primavera de 70 d.C., Tito iniciou o cerco a Jerusalém. A cidade estava cheia de peregrinos, ali chegados para a Festa da Páscoa, os quais permaneceram presos, tanto que a cidade foi rapidamente tomada pela fome. Flávio Josefo foi testemunha de uma série de atrocidades que aconteceram durante o assédio, tanto de um quanto de outro lado, enquanto dentro da cidade, cercada, continuaram as lutas entre os vários partidos judaicos. Durante o mês de julho as tropas romanas conseguiram penetrar a muralha tripla que circundava a cidade e finalmente destruir a última resistência concentrada ao redor do Templo que foi destruído por inteiro e que nunca mais foi reconstruído. A cidade foi incendiada e saqueada, parte dos habitantes foi massacrada, parte foi vendida como escrava. Os dois líderes da revolta, João de Giscala e Simão Bar-Giora, foram um feito prisioneiro e o outro usado para o triunfo de Tito e em seguida executado. Um testemunho do terrível assédio encontra-se ainda no Fórum de Roma, o Arco de Tito, que celebra o triunfo do futuro imperador, seguido pelos objetos sagrados pegos no Templo de Jerusalém. As moedas romanas desta época têm a inscrição IVDAEA CAPTA, ou seja, "capturada a Judeia". Até mesmo o texto evangélico recorda este acontecimento, visto em uma perspectiva cristã como o início de uma nova era para a Igreja, então já longe da cidade onde tinha nascido:

> *Quando virdes Jerusalém cercada de exércitos, sabei que está próxima a sua devastação. Então, os que estiverem na Judeia fujam para os montes, os que estiverem dentro da cidade saiam, e os que estiverem nos campos não entrem nela, porque serão dias de punição, nos quais deverá cumprir-se tudo o que foi escrito. [...]. E cairão ao fio da espada, levados cativos para todas as nações, e Jerusalém será pisada por nações até que se cumpram os tempos das nações* (Lc 21,20-24).

Este assédio a Jerusalém não destruiu por completo o movimento de resistência judaica. Somente em 74 d.C. cairá o último baluarte, a fortaleza de Massada, após mais de dois anos de cerco: mais de 900 sicários, refugiados com suas famílias nessa fortaleza aparentemente imbatível, preferiram cometer suicídio ao invés de entregarem-se vivos nas mãos dos romanos. Ainda hoje é possível observar do alto das ruínas da fortaleza os traços dos acampamentos romanos e a gigantesca rampa de assédio que estes construíram para chegar ao cume da montanha.

Como resultado da revolta, metade da população judaica na Palestina foi exterminada (tanto Tácito quanto Flávio Josefo apresentam a enorme cifra de 600 mil mortos). Não há mais uma autoridade judaica e a situação econômica é desesperadora. Apenas a Lei permanece como ponto de referência para os judeus que perderam até mesmo o Templo. A fé e a observância da Lei serão uns dos elementos mais importantes para a sobrevivência do judaísmo.

8.6 Da queda de Jerusalém até a segunda revolta judaica (132-135 d.C.)

O cenário político da Palestina ao final da revolta é bastante claro: toda a região estava sob intenso controle militar romano e, como sinal da autoridade imperial, os impostos que os israelitas pagavam anualmente para o Templo eram recolhidos como tributo ao templo de Júpiter Capitolino, em Roma, um grande insulto para qualquer judeu piedoso.

Contudo, os romanos não quiseram destruir o judaísmo, limitaram-se às medidas necessárias para extirpar qualquer tentativa de revolta. A fé judaica, mesmo em outras partes do império, foi permitida como *religio licita*, religião lícita, na esperança de que isto pudesse servir como elemento de agregação e pacificação, ao menos para a parte mais moderada do povo. Nesses anos, os fariseus se tornam os guias espirituais e a vida religiosa dos judeus, uma vez que o Templo tinha sido destruído e a possiblidade de oferecer sacrifícios tinha sido eliminada, passou a ser centrada sobre o estudo e a observância da *Tôrah*. Na cidade de Jabne (ou Jamnia), às margens do Mediterrâneo, um grupo de sábios reunidos ao redor de Johanan ben Zakkai trabalhará com sucesso sobre a definição de uma nova identidade de um judaísmo sem Templo.

Mas, fora da Palestina, nas comunidades da diáspora, a hostilidade dos judeus contra os romanos continuou. Temos notícias de revoltas dos hebreus de Cirene, de Alexandria do Egito e de Chipre, ocorridas durante o reinado de Trajano (98-117), revoltas rapidamente esmagadas com extrema dureza e às vezes ligadas a movimentos e perseguições antijudaicas.

Contudo, a ocasião de uma nova rebelião chegou novamente à Judeia: provavelmente em 130 d.C., por ocasião da decisão do Imperador Adriano (117-138) de transformar Jerusalém em uma cidade romana, construindo ali um templo dedicado a Júpiter Capitolino. O líder carismático desta nova revolta (que tem proporções comparáveis à primeira) foi certo Simão, que o Rabino Aqiba, um dos mestres mais prestigiados de Israel, chamou Bar Kokhba, em aramaico "filho da estrela", em referência ao texto de Nm 24,17 ("*uma estrela se levanta em Jacó...*"). Trata-se, na verdade, de um personagem que muitos reconhecerão como o Messias. Temos à disposição fragmentos de cartas escritas por Simão e moedas com a sua efígie e a inscrição "ano da libertação de Jerusalém", ou "ano I da libertação de Jerusalém".

Como no caso da primeira revolta, os romanos foram pegos de surpresa e isto garantiu inicialmente significativos sucessos. A revolta espalhou-se rapidamente em toda a Palestina e para grande parte dos judeus foi considerada o início de uma nova era. Também nesse caso a repressão de Roma foi imediata e duríssima. O próprio Adriano parece ter guiado suas tropas na reconquista da Palestina, que foi completada, depois de vários ataques, em 135 d.C., três anos e meio após o início da revolta. Neste ínterim, Simão Bar Kokhba foi abandonado pelos rabinos, que inicialmente tinham-no apoiado, e o seu nome foi mudado para Bar Koziba, ou seja, "filho da mentira". O próprio Rabino Aqiba, mesmo tendo abandonado Simão, foi capturado, torturado e assassinado pelos romanos, morto, conforme narra a lenda, pronunciando até o último suspiro a última palavra do *Shema'* (Dt 6,4): *'ehad*, em hebraico "um", tornando-se assim um símbolo do israelita que proclama, apesar de tudo, a sua fé na unicidade de Deus.

A repressão de Roma foi ainda mais dura que a precedente: desta vez fala-se, talvez com algum exagero, de cerca de 850 mil mortos, sem contar os que foram vendidos como escravos. Jerusalém foi transformada em uma colônia romana com o nome de *Aelia Capitolina* e o ingresso de judeus na cidade foi proibido. Somente no século IV o Imperador Constantino lhes concederá novamente o direito de ir a Jerusalém uma vez ao ano, no dia 9 do mês de Ab (julho-agosto), dia no qual ainda hoje se comemora a destruição da cidade e se chora sobre as ruínas do Templo, no lugar conhecido como o Muro Ocidental, impropriamente chamado pelos cristãos de "Muro das Lamentações". A Judeia mudou de nome e foi chamada de *Palestina* e os poucos judeus que ali permaneceram viram-se como estrangeiros na sua própria pátria. A partir de então, o judaísmo continuará a desenvolver-se sobretudo na diáspora, em particular na Babilônia.

Contudo, o judaísmo sobreviverá mais uma vez a essa seguinte catástrofe, separando-se ainda mais do mundo greco-romano e estreitando-se ao redor da Lei e da fé em YHWH.

Concomitantemente a todos esses eventos, desenrola-se a história das primeiras comunidades cristãs. A primeira revolta já sinalizara o início de uma separação mesmo geográfica, ainda que comunidades de judeu-cristãos continuassem a existir por algum tempo. A partir de 46 d.C., as viagens de Paulo começaram a levar o cristianismo para fora dos confins de Israel e em 48 d.C., quando costuma-se datar o "Concílio de Jerusalém", relatado em At 15, a Igreja se abrirá definitivamente à missão no mundo pagão.

Nos anos da segunda revolta judaica o cristianismo estará em contínua expansão: este, no entanto, é o início de um outro capítulo e de uma outra história.

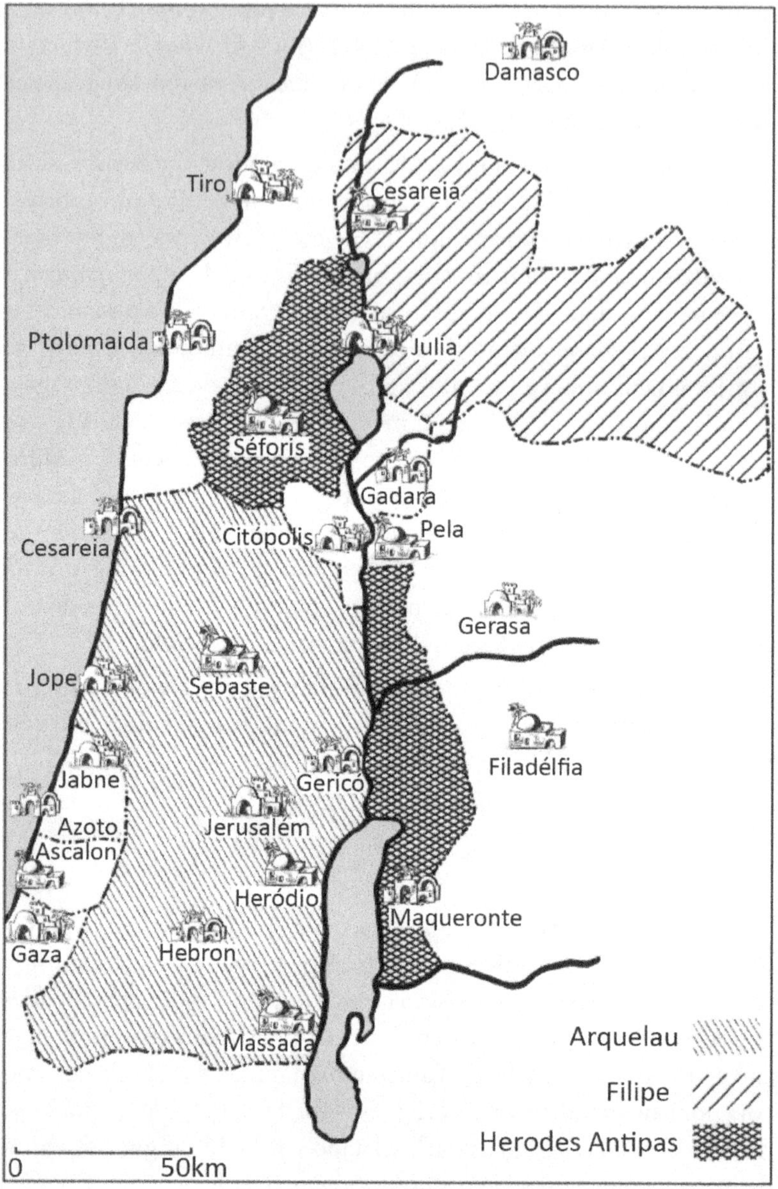

A sucessão de Herodes o Grande

TABELA CRONOLÓGICA

Apresentamos aqui, numa síntese bastante sumária, as principais referências cronológicas da história de Israel, indicando obras mais especializadas para uma discussão mais aprofundada, especialmente no que tange às datas dos reinos de Israel e Judá. O ponto de interrogação que aparece no texto de quando em quando assinala acontecimentos ou datas sobre as quais ainda há muita discussão.

As origens

Século XIII a.C.	Êxodo do Egito (?)	
ca. 1220		Estela de Merneptah
ca. 1200		Início da Idade do Ferro Invasão dos povos do mar (filisteus?)
ca. 1200-1050	Primeiros assentamentos israelitas Período dos juízes	

A monarquia unida

1020-1010 a.C. (?)	Reino de Saul
1010 (?)	Morte de Saul na batalha sobre os montes Gelboé
1010-970	Reino de Davi
970-931	Reino de Salomão
931	Divisão do reino após a morte de Salomão

Os dois reinos divididos

	Reino do Norte (Israel)	*Reino do Sul (Judá)*	*Outros acontecimentos*
931	JEROBOÃO I (930-910)	ROBOÃO (931-914)	Invasões do Faraó Sheshonq (925)
		ABIAM (914-911)	
	NADAB (910-908)		
	BAASA (908-886)	ASA (911-870)	
	ELA (886-885)		
	ZAMBRI, rei por sete dias (885)		
885	A dinastia de Omri (885-841)	JOSAFÁ (870-848)	
	• o Rei OMRI (885-874)		
	• fundação da Samaria		
	• guerra contra Moab		
	ACAB (874-853)		
	OCOZIAS (853-852)		
	JORÃO (852-841)	JORÃO (848-841)	ca. 875-850: ministério do Profeta **Elias** no reino do Norte
			ca. 842-840: estela de Mesha, rei de Moab
841	Golpe de Estado de Jeú	OCOZIAS (841)	ca. 850-798: Profeta **Eliseu**
	Reino de JEÚ (841-814), vassalo da Assíria	ATALIA (841-835)	
	JOACAZ (814-798)	JOÁS (835-796)	
	JOÁS (798-783)	AMASIAS (796-781)	
783	JEROBOÃO II (783-743): período áureo do reino do Norte	OZIAS/AZARIAS (781-740): a morte do rei marca o início da missão de **Isaías**	Ministério dos profetas **Amós** e **Oseias** no Norte
743	Assassinato de dois reis: Zacarias e Selum	JOATÃO (740-736)	Teglat-Falasar III, rei da Assíria (745-727): início das invasões assírias
	MANAÉM (743-738)		Por volta de 740-720: Profeta **Miqueias**
	FACEIAS (738-737)		Por volta de 740-700: Profeta **Isaías**
	FACEIA (737-732)	ACAZ (736-716)	

	Guerra siro-efraimita (734-733)		
	O Rei Oseias (732-724) nomeado pelos assírios	Em 728 Ezequias compartilha o trono de seu pai	Salmanasar V (726-722)
			Sargão II (721-705)
722	Destruição da Samaria e deportação de seus habitantes		

De Ezequias ao exílio babilônico

716-687	O Rei EZEQUIAS
ca. 705	Ezequias se alia ao Egito
701	Invasão assíria (Senaquerib); cerco de Jerusalém
687-642	MANASSÉS, vassalo da Assíria
642-640	Amon: morto pelos sacerdotes do Templo e substituído por Josias
640-609	O Rei JOSIAS Durante o reino de Josias: os profetas **Sofonias** e **Naum**
ca. 625	Início da missão de **Jeremias**
ca. 622	**Reforma religiosa** de Josias
609	O Faraó Necao mata Josias em Meguido
609	O Rei JOACAZ
609-598	JOAQUIM, rei imposto pelo faraó
597	JOAQUIN rende-se aos babilônicos Primeira deportação à Babilônia
597-586	O rei SEDECIAS. Continua a missão de Jeremias Inicia a missão de **Ezequiel**
586	Cerco e **destruição de Jerusalém**. Segunda deportação à Babilônia sob o comando de Nabucodonosor
585	Assassinato de Godolias. Jeremias é levado ao Egito

O exílio e a época persa

597/586-531	**Exílio babilônico** Atuação do autor de Is 40–55 (o **Dêutero-Isaías**) na Babilônia
561-560	Evil-Merodac, rei da Babilônia, favorece o Rei Joaquin
559-539	Nabonido, último rei da Babilônia
539	Ciro (556-529) conquista a Babilônia

538	**Edito de Ciro**
ca. 531	Início do retorno dos exilados
529-522	Reino de Cambisés
522-485	Reino de Dario
	Na Judeia, os personagens ZOROBABEL e JOSUÉ
520-515	Retorno dos exilados. Atuação dos profetas **Ageu** e **Zacarias**
ca. 515	Inauguração do segundo Templo reconstruído
485-465	Reino de Xerxes
465-423	Reino de Artaxerxes I
ca. 445	**Neemias** chega a Jerusalém. Início da obra de reforma
ca. 425	Início do cisma samaritano
404-358	Reino de Artaxerxes II
ca. 398	Provável chegada de **Esdras** a Jerusalém

A época helenística

333-332	Campanha de Alexandre Magno
323	Morte de Alexandre Magno
312	Ptolomeu I conquista a Judeia
260-258	Viagens de Zenão à região da Palestina
201-200	Final do domínio ptolomaico
	A Judeia passa à monarquia selêucida
190	Antíoco II é derrotado pelos romanos em Magnésia
188	Tratado de Apameia
175-164	Reino de Antíoco IV "Epífanes"
167-164	**Revolta macabaica**
164	Dedicação do Templo por Judas Macabeu
161	Sacerdócio de Alcimo. Morte de Judas Macabeu
161-143	JÔNATAS MACABEU sucede seu irmão Judas
143-134	SIMÃO, sumo sacerdote, estratego e chefe dos judeus Início da dinastia asmoneia
134-104	JOÃO HIRCANO I
104-103	ARISTÓBULO
103-76	ALEXANDRE JANEU
76-67	ALEXANDRA SALOMÉ
67	Lutas pela sucessão e o sumo sacerdócio
	Chegada de Pompeu

A época romana

48	Morte de Pompeu
44	Morte de Júlio César
37	Sobe ao trono HERODES O GRANDE, rei dos judeus
31	Batalha de Ácio e início do império de Otaviano
ca. 7-6 a.C.	**Nascimento de Jesus**
4 a.C.	Morte de Herodes Reino dividido entre Arquelau, Herodes Antipas (4 a.C.-39 d.C.) e Filipe (4 a.C.-34 d.C.)
6 d.C.	Arquelau é deposto. A Judeia é administrada pelos romanos
26-36	PÔNCIO PILATOS, procurador da Judeia
39	Exílio de Herodes Antipas
41	HERODES AGRIPA I toma o lugar de Herodes Antipas e se torna também governador da Judeia
44	Execução do Apóstolo Tiago Maior, irmão de João Reino de HERODES AGRIPA II
48	"Concílio" de Jerusalém
52-60	O procurador FELIX. Prisão de Paulo em Cesareia
60-62	O procurador PORCIO FESTO
62-64	O procurador GÉSSIO FLORO
66	Explode a **revolta contra Roma**
70	Tito cerca e destrói Jerusalém: o Templo é incendiado. Fuga dos cristãos
98-117	Império de TRAJANO
117-138	Império de ADRIANO
132-135	**Segunda revolta contra Roma** (Bar Kohkba)
135	Fim da revolta Jerusalém se torna colônia romana com o nome de *Aelia Capitolina*

GLOSSÁRIO[119]

ACÁDICO: Língua e cultura de ambiente semítico, própria da Mesopotâmia Central (Assíria e Babilônia) no primeiro e no segundo milênios a.C.

ALEXANDRE [MAGNO]: Rei da Macedônia (336-323 a.C.). Um dos maiores conquistadores da história. Estendeu seu império da Macedônia até as fronteiras da Índia. 1Mc 1,1-8 apresenta um resumo da sua conquista do Império Persa e a divisão do seu império entre seus generais após a sua morte.

[ALEXANDRIA]: Fundada em 322 a.C. por Alexandre Magno, a Oeste no Delta do Nilo, esta cidade portuária foi o coração da cultura helênica e um importante centro do pensamento judaico (nela foram compostos a Bíblia dos Setenta, o Livro da Sabedoria, o segundo e terceiro livros dos Macabeus, as obras de Fílon etc.).

AMORREUS (em acádico *amurru*, "povo do Oeste"): Populações nômades presentes na Mesopotâmia por volta de fins do terceiro milênio. Na Bíblia, os amorreus são um dos antigos povos de Canaã (Gn 15,18-21; Js 24,15; Jz 6,10 etc.).

ANTÍOCO IV EPÍFANES: Um dos dez reis da dinastia selêucida, reinou sobre a Síria de 175 a 164 a.C. Admirador da cultura helênica, provocou a revolta dos Macabeus (1Mc 1,10-64).

---

119. Este Glossário foi organizado por G. Vanhoomissen (a tradução é nossa). Os colchetes [ ] sinalizam os nomes próprios que não se encontram na Bíblia.

ANTIOQUIA DA SÍRIA (do grego *Antioquos*, hoje *Antáquia*, na Turquia): Fundada em 300 a.C. por Seleuco I, às margens do Rio Oronte. Tornou-se a capital do reino selêucida e em seguida da província romana da Síria, uma das cidades mais célebres do Oriente. Era a terceira cidade do império depois de Roma e Alexandria, com mais de 300 mil habitantes dos quais muitos hebreus. Em Antioquia, os discípulos de Jesus de Nazaré foram chamados "cristãos" pela primeira vez (At 11,26).

APÓCRIFO (do grego *apokryphos* = "escondido", "segredo"; de *kryptô* = "esconder" e *apó* = "longe de"): Escritos religiosos de origem judaica e cristã (fala-se em apócrifos do Antigo e do Novo Testamento) que não foram acolhidos no cânon das Escrituras judaicas e cristãs.

ARAM, ARAMEUS: População de origem semita e que tem sua presença conhecida na Alta Mesopotâmia e na Síria nos séculos XIII-XII a.C. Os pequenos reinos arameus (Damasco, Zoba, Gueshur...) desapareceram no século VIII com a chegada dos assírios.

ARCA DA ALIANÇA (em hebraico *'arôn* = "caixa"): Caixa de madeira de acácia (Ex 25,10-22), sinal da presença de Deus no antigo Israel (1Sm 4–6; 2Sm 6; 1Rs 8), assim chamada porque teria contido as Tábuas da Aliança (Dt 10,1-5).

ASMONEUS: Nome utilizado por Flávio Josefo para identificar a família, e depois a dinastia, dos príncipes-sacerdotes descendentes de Simão Macabeu, dinastia que governou a Judeia de 134 até a chegada dos romanos em 63 d.C.

ASSIDEUS (*assidaioi*, forma grega do hebraico *hasidîm* = "piedosos"): Movimento judaico zeloso pela *Tôrah*, que resistiu à influência grega (1Mc 2,42) e constitui-se como a raiz longínqua da qual descenderão os fariseus.

ASSÍRIA (em hebraico *'Asshûr* = Assur): Geograficamente é a parte setentrional do Vale do Tigre. A Assíria tornou-se uma importante potência política a partir do século XI a.C. Com Teglat-Falasar III (745-727) e com Assurbanipal (669-630 a.C.), o Sardanapalo na tradição ocidental, o Império Assírio alcançou o seu apogeu político e cultural, até a conquista da capital Nínive pelos babilônicos em 612 a.C.

AUGUSTO: Título conferido pelo senado romano a *Caius Octavianus* em 27 a.C., conhecido com o nome de Otaviano, após sua adoção por Júlio César. Otaviano Augusto foi o primeiro imperador de Roma de 29 a.C. a 14 d.C. Durante o seu reinado nasceu Jesus de Nazaré (Lc 2,1).

BABILÔNIA (em hebraico *Babel*, em aramaico *Bab-ilu* = "porta de Deus"): Cidade da Baixa Mesopotâmia. Foi Hamurabi (ca. 1792-1750 a.C.) que, ao redor desta cidade, fundou um reino unido e estável. Na Bíblia Hebraica, Babilônia aparece como a potência que pôs fim ao reino de Judá e como o país do exílio (2Rs 24–25; Sl 137). Tornou-se o símbolo de todos os impérios que se opõem a Deus e ao seu povo (Is 13). No Apocalipse, a Babilônia é símbolo de Roma, que era responsável pelas perseguições contra a Igreja nascente (Ap 17–18).

BELÉM (em hebraico *bet-lehem* = "casa do pão" ou, talvez, "casa da [deusa] Lahmu"): Vila da Judeia, oito quilômetros ao sul de Jerusalém, chamada "cidade de Davi", pois foi nela que ele recebeu a unção real (1Sm 16). Jesus é originário de Belém (Mt 2,1; Lc 2,11; Jo 7,42).

CALDEIA, CALDEUS (em hebraico *kasdîm*): País e povo da Baixa Mesopotâmia. Com esta terminologia mais tarde serão indicados os babilônicos. Na Bíblia, os caldeus ou neobabilônicos são mencionados sobretudo por ocasião dos eventos que levaram à queda do reino de Judá (2Rs 25; Jr 39 etc.).

CANAÃ (em hebraico *Kena'ân*): Região situada entre o Jordão e o Mediterrâneo, antigo nome da "terra prometida", que se transformará no país de Israel. Nos textos antigos, Canaã designa uma região bastante vasta, sob domínio egípcio, sem que seja possível precisar seus limites.

CANANEU: Nome com o qual se identifica a população e a cultura não israelita do litoral siro-palestino durante o final do período do

Bronze e do período do Ferro (cf. Gn 10,15-18). O adjetivo "cananeu" aplicado a estas populações é mais precisamente uma designação geográfica do que étnica. Muitas listas bíblicas mencionam diferentes grupos: amorreus, hititas (heteus), jebuseus etc. (cf. Gn 15,20-21; Ex 3,8; Dt 7,1 etc.).

CÂNON (em grego "regra"): Lista dos escritos considerados como inspirados por Deus e que compõem a Bíblia. A lista é diferente para os hebreus, para os católicos, para os reformados e para os ortodoxos.

CARMELO: Cadeia de montanhas de 20 quilômetros que se sobressai da Planície de Jezrael ao Mediterrâneo. Seu ponto mais alto chega a 550m.

CESAREIA DE FILIPE: Cidade próxima às nascentes do Jordão, reconstruída por Herodes Filipe (Mt 16,13).

CESAREIA [MARÍTIMA]: Cidade portuária do Mediterrâneo, urbanizada e embelezada por Herodes o Grande entre 12 e 9 a.C., assim chamada em honra a César Augusto. Capital da província romana, onde residia o governador romano com uma importante guarnição.

CIRO [II O GRANDE] (em persa *Kurush* = "pastor"): Rei dos médios (555-530 a.C.) e fundador do Império Persa (Is 44,28; 45,1; Esd 1,1-5).

CÓDIGO DEUTERONÔMICO: Conjunto de leis contidas em Dt 12–26.

CRONISTA: Nome dado ao autor (ou aos autores) do conjunto formado por 1Cr e 2Cr, Esd, Ne, grupo de livros que retomam e prolongam a assim chamada "história deuteronomista", obra composta no século IV a.C.

CUNEIFORME: Tipo de escrita antiga utilizada pelos babilônicos, assírios, médios e persas na qual os caracteres são compostos por sinais em forma de cunha.

DECÁPOLE (do grego *déka* = "dez" e *pólis* = "cidade"): Federação de cidades unidas à província romana da Síria. Com exceção de Citópolis (hoje *Bt She'ân*) eram todas cidades situadas a leste e nordeste do

Jordão: Filadélfia (atual Aman), Gerasa, Pela, Gadara, Abila, Hipos, Diom, Canata e Damasco.

DEUTERONOMISTA (história): Nome com o qual os modernos identificam o conjunto de livros de Js, Jz, 1Sm e 2Sm, 1Rs e 2Rs, que tem sua redação finalizada após a parte mais antiga do Livro do Deuteronômio e que se alinham ao pensamento e à teologia própria do mesmo livro.

DIÁSPORA (em grego significa "dispersão"): Nome dado às comunidades judaicas que se estabeleceram fora da terra de Israel (cf. 2Mc 1,27; Jo 7,35).

[EBLA]: Pequeno reino (a atual cidade de Tell Mardik, no norte da Síria) com um arquivo de mais de 15 mil tabuletas que ajudam a compreender a história da civilização no Oriente Médio no terceiro milênio a.C.

EDOM: População que vivia entre o Mar Morto e o Golfo de Ácaba, considerados descendentes de Esaú, irmão gêmeo de Jacó (Gn 25,30), um povo irmão de Israel (Dt 2,4.8), contudo, inimigo (Am 1,11; Sl 137,7; Lm 4). Mais tarde os edomitas deram origem ao reino da Idumeia que foi conquistado por João Hircano I em ca. 130 a.C.

EGITO (em hebraico *Mitzraim*): Um dos berços da civilização mediterrânea, o Egito situa-se no panorama do Oriente Médio entre os séculos XV e XIII a.C. e ocupa a terra de Canaã. Depois disso, ainda haverá companhas egípcias em Israel com os faraós Sheshonq (1Rs 14,25-26) e Necao (2Rs 23,29-30.31-35). Terra de refúgio (Gn 37–50), mas também terra de opressão (Ex 1–15), o Egito fascina e seduz (Jr 4,8; 1Rs 5,10; Pr 7,16), mesmo que ainda represente a contaminação da idolatria (Ez 20,7-8). O Egito da dinastia lágida dominou sobre a Judeia de 323 a 198 a.C.

[ELEFANTINA]: Uma ilha no Nilo, próxima à atual Assuan, onde se encontrava uma colônia judaica e onde foram descobertos importantes documentos aramaicos do século V a.C.

ESSÊNIOS: Membros de um grupo religioso citado por Flávio Josefo, Fílon de Alexandria e Plínio o Velho, que vivia às margens da sociedade hebraica e do sacerdócio de Jerusalém com o escopo de viver uma vida santa (séc. II a.C.-70 d.C.). Deste grupo adquiriu especial destaque a comunidade que vivia em Qumran.

EXÍLIO (em hebraico *gôlah*): Período posterior à queda de Jerusalém em 587 a.C. (2Rs 25,8-21) até o edito de Ciro em 538 (Esd 1,1-4), durante o qual uma parte da população judaica foi deportada à Babilônia.

FARISEUS (em grego *farisaios*, em hebraico *pharush*, em aramaico *pherishayya* = "separados"): Membros de um grupo religioso hebraico que surgiu do movimento dos assideus. Muito piedosos, propunham a observância estrita da *Tôrah*, sobretudo no que tange ao sábado, à pureza ritual e ao pagamento do dízimo. Gozavam de grande prestígio junto ao povo. O judaísmo rabínico que sobreviveu à destruição de 70 d.C. é herdeiro do farisaísmo.

[FENÍCIOS]: População de língua semita, instalada na faixa costeira que se estende da Síria ao Carmelo (Bíblos, Tiro, Sidônia...). Sua existência é atestada do século XIII a.C. até a conquista de Alexandre Magno em 333 a.C. Sua língua, suas instituições e sua religião têm raízes no contexto de Canaã. O alfabeto fenício do primeiro milênio é a origem de quase todos os alfabetos utilizados hoje.

FILISTEUS: Um dos "povos do mar" que se instalou, entre os séculos XIII e XII a.C., na planície costeira ao sul do Carmelo. Classificados como "incircuncisos", ou seja, não semitas, se constituíam do ponto de vista político como uma federação de cinco cidades dirigidas por cinco chefes chamados "tiranos": as cidades de Ashdod, Ascalon, Ekron, Gat, Gaza (cf. Js 13,3).

[FÍLON DE ALEXANDRIA]: O mais importante filósofo do judaísmo helenístico (ca. 20 a.C.-54 d.C.). A sua obra consiste em um vasto comentário sobre a *Tôrah*, fonte preciosa para a exegese bíblica alexandrina e para o conhecimento do judaísmo da época.

[FLÁVIO JOSEFO]: Historiador judeu nascido em Jerusalém por volta de 37/38 d.C. e morto em Roma por volta do ano 100. Membro de família sacerdotal, tomou parte na primeira guerra judaica, inicialmente ao lado dos judeus, e depois dos romanos. Além de sua *Autobiografia* escrita para defender-se daqueles que o acusavam de traição, escreveu em grego a *Guerra judaica*, a única documentação de que dispomos sobre este evento; *Antiguidades judaicas*, uma história desde a criação do mundo até o ano 66 d.C.; um tratado *Contra Apião* que constitui uma apologia do judaísmo contra aqueles que, nas *Antiguidades judaicas*, nada identificavam além de fábulas e lendas.

GALILEIA (em hebraico *Galil*): Região ao norte de Israel já mencionada em 1Rs 9,11, na ocasião em que Salomão doa a Hiran de Tiro "vinte cidades na região da Galileia". Em Is 8,23 é chamada "distrito das nações" (*ghelil ha-goyîm*) pois é uma terra de passagem formada por populações mistas. Nesta região, sob o comando de Herodes Antipas (Mc 6,21; Lc 23,6-7), Jesus exerceu boa parte de seu ministério.

GALILEIA (Mar da): Lago que o Antigo Testamento chama de "Mar de Quineret" (Nm 34,11; Js 13,27), ou seja, "da harpa". Com 21km de comprimento, 12 de largura e mais de 40m de profundidade, está a pouco mais de 200m abaixo do nível do mar. Além de "Mar da Galileia" (Mt 4,18; Mc 1,16; Jo 6,1), é chamado no Novo Testamento de "Lago de Genesaré (Lc 5,1), "Mar de Tiberíades" (Jo 6,1; 21,1) ou simplesmente "o mar" (Mc, Mt, Jo) e "o lago" (Lc).

[HAPIRU/HABIRU]: Termo sem valor étnico que designa grupos que se encontravam especialmente em Canaã a partir do século XIV a.C., compostos por populações marginais de um ponto de vista político ou social (rebeldes, escravos, fugitivos, refugiados...). Os hebreus (*'ibrîm*) podem ter sido considerados pertencentes a estes grupos dos quais dão testemunho textos mesopotâmicos (*habiru*) e egípcios (*'apirû*).

HEBREUS/HEBRAICO (em hebraico *'ibrî*):
1) Língua pertencente ao grupo linguístico norte-ocidental na qual foi escrita a Bíblia Hebraica (que contém também alguns trechos em aramaico). 2) Grupo étnico que a Sagrada Escritura situa como descendente de Sem através de Héber (cf. Gn 10,21; 11,4) e Abrão (Gn 11,26). Nos textos que fazem referência à história primitiva de Israel, o termo designa os israelitas em oposição aos egípcios (Gn 39,14-17; Ex 1,15-19) ou aos filisteus (1Sm 4,6-9). Nos textos mais tardios o termo tornou-se arcaico e adquiriu um valor literário (Jn 1,9; Jd 10,12; 2Mc 7,31).

HEBRON: Cidade da Judeia, cerca de 50km ao sul de Jerusalém, antigamente chamada Cariat-Arbe (Gn 23,2). A gruta de Macpela, sepultura dos patriarcas (Gn 23,19), se encontra no seu entorno. Nela, Davi foi proclamado rei (2Sm 5,1-3) e fez dela sua primeira capital (2Sm 2,1-3; 5,5).

HELENISMO: Termo usado para indicar a civilização (em seus mais diversos aspectos: sociedade, religião, costumes, língua...) que tem início após a morte de Alexandre Magno e prossegue com o Império Romano.

HERODES [AGRIPA I]: Neto de Herodes o Grande, reinou sobre os territórios do avô de 41 a 44 d.C., perseguiu os primeiros cristãos e condenou a decapitação o Apóstolo Tiago Maior antes da páscoa de 43/44 (At 12,1-23).

[HERODES] AGRIPA II: Filho de Agripa I, soberano de Cálcis, no Líbano, e em seguida tetrarca de Filipe e de Lisânias as quais governou de 53 até sua morte em 94. Paulo compareceu diante dele em Cesareia (At 25,13–26,32).

HERODES [ANTIPAS]: Filho de Herodes o Grande, tetrarca da Galileia e da Pereia (4 a.C.-39 d.C.). Foi ele quem ordenou a decapitação de João Batista (Mc 6,17-28). Pôncio Pilatos enviou-lhe Jesus para que o julgasse (Lc 23,8-12).

[HERODES] FILIPE: Filho de Herodes o Grande e de sua segunda mulher, Mariamne, e primeiro marido de Herodíades (Mt 14,3; Mc 6,17). Excluído da sucessão real em 5 a.C., vai a Roma e desaparece de cena.

[HERODES] FILIPE: Filho de Herodes o Grande e de Cleópatra de Jerusalém. Foi tetrarca da Itureia e da Traconítide, além de outros territórios a leste do Lago da Galileia (Gaulanítide etc.) de 4 a.C. a 34 d.C. (Lc 3,1). Casou-se com Salomé, a filha de Herodíades, em idade avançada e morreu sem deixar filhos.

HERODES [O GRANDE]: Filho de um idumeu, Antípatro, e de uma princesa nabateia, Herodes foi governador da Galileia depois de 47 a.C. e rei da Judeia a partir de 40. Reinou sobre Jerusalém e em seguida sobre a Samaria e outras cidades, como Jericó, até sua morte ocorrida em 4 a.C. Grande construtor (Samaria, Cesareia, Massada, o Heródio, a esplanada do Templo etc.), foi também um governador sanguinário que não hesitou em eliminar os próprios familiares (cf. Mt 2,1-22).

HITITAS/ITITAS: Povo indo-europeu que invadiu o Crescente Fértil por volta de 2000 a.C. Sua capital foi *Hattusha*, atual Bogazköy, na Turquia. Na Bíblia, o termo "Hitita" não designa este império da Anatólia, desaparecido por volta de 1200 a.C., mas uma das populações não israelitas da Síria e de Canaã (Gn 10,15; 23,3; 1Rs 11,1).

IDUMEIA/IDUMEUS → Edom.

INTERTESTAMENTÁRIOS (escritos): Termo genérico com o qual se designa a literatura religiosa hebraico-cristã produzida entre os séculos II a.C. e II d.C. (pseudoepígrafos, apócrifos, textos de Qumran...)

ISRAEL (em hebraico *Yisra'el* = "que Deus se mostre forte"):
1) O patriarca Jacó (Gn 32,29).
2) As doze tribos de Israel (Gn 49,28).
3) O reino do Norte, por vezes chamado também Efraim, em oposição ao reino de Judá (2Rs 17,18).

4) Depois do exílio, todos os israelitas, seja a nação judaica (Esd 10,5), seja a comunidade (Ex 12,3.6; 16,31) ou os "filhos de Israel" (Ex 1,7).

5) O país ou a terra de Israel (1Cr 22,2; 2Cr 2,16).

ITUREIA: Nome helenístico de uma região (a Planície do Beca, no Líbano) no entorno da cidade de Cálcis e Baalbeck.

JABNE (em hebraico *Yabneh; Yabneel* em Js 15,11; *Yamnia* em grego: cf. 1Mc 4,15; 2Mc 12,8-9): Cidade da planície costeira ao sul de Jope (Jafa). Nela foi construído o sinédrio após a destruição de Jerusalém.

JAVISMO: Fé religiosa que reconhece YHWH como Deus único.

JERICÓ: Situada no Vale do Jordão, 25km ao nordeste de Jerusalém, Jericó é talvez a cidade mais baixa do mundo (300m abaixo do nível do mar) e, ao mesmo tempo, uma das mais antigas (ocupada desde o sétimo milênio). Por seu posicionamento, é um ponto de referência para os territórios situados para além do Jordão (Nm 22,1; Dt 32,49).

JERUSALÉM (em hebraico *Yerushalaim*, em grego *Hierousalém* ou *Hierosolyma*): A cidade é indicada nos textos egípcios de execração por volta de 1800 a.C. com o nome de *Urushalimu* = "fundação do [deus] Salem", assim como nas cartas do Rei Abdi-Heba ao Faraó Amenofi IV, que remontam ao século XIV. Por volta do ano 1000 a.C., Davi a tomou dos jebuseus e Jerusalém se tornou propriedade do rei (2Sm 5,6-8). Nela, Salomão ergueu o Templo por volta de 995 a.C. (2Rs 6–8). Depois da morte de Salomão, Jerusalém continuou sendo a capital do reino de Judá. A cidade não pôde resistir ao assédio dos babilônicos em 587 e foi conquistada (2Rs 25). Depois da proclamação do edito de Ciro, os exilados retornaram para a cidade e o Templo foi reconstruído (ca. 520-515 a.C.). Com os asmoneus, Jerusalém torna-se novamente a capital de um Estado judaico independente. Em 63 a.C. Pompeu tomou a cidade e a submeteu ao comando de Roma. Uma primeira revolta antirromana terminou com a derrota dos revoltosos e a destruição do Templo (66-70 d.C.). Uma segunda revolta, a de Bar Kokhba (132-135), levou a cidade à ruína definitiva e à posterior reconstrução como colônia romana com o nome de *Colonia Aelia Capitolina*, uma menção ao seu fundador *Aelius Hadrianus* (Adriano) e de Júpiter Capitolino, a quem foi consagrada.

JEZRAEL (Planície de): Valada cortada pela Torrente Qishôn que se estende entre a cidade de Bet Sheân e o Carmelo. Importante ponto de trânsito protegido pela cidade fortificada de Meguido. Na época helênica foi chamada de "Planície de Esdrelon".

JUDÁ (em hebraico *Yehudah*):
1) Quarto filho de Jacó e Lia (Gn 29–35), antepassado epônimo da tribo que tem seu nome (Nm 26,19-22).
2) A tribo de Judá, a mais importante na história de Israel (Gn 49,8-10).
3) O reino de Judá: Sobre o trono de Jerusalém se sentaram vinte reis, todos da dinastia davídica, de Roboão a Sedecias.

JUDAÍSMO: Nome dado à religião e ao modo de viver do povo eleito a partir do retorno do exílio. O termo, que não aparece na Bíblia Hebraica, é mencionado na Grega (2Mc 2,21).

JUDEIA/JUDEU: Território que cobre praticamente o antigo reino de Judá. Na época persa indicava o país onde se estabeleceram os repatriados, o "distrito de Judá" (Esd 5,8). Em grego essa província será chamada *Ioudaia* [*chora*], ou seja, "o país dos judeus/judeu" (cf. Mc 1,5), donde provém o termo Judeia (Tb 1,18; 1Mc 4,35; 5,8). Assim, a população da Judeia é identificada com o título de "judeus" (em hebraico *yuhudî*, em grego *ioudaios*), mas se utiliza o mesmo conceito para indicar os "judeus" que vivem fora da Judeia, na própria terra de Israel e também na diáspora (1Mc 10,23; Est 2,5; At 18,24). Em geral, os evangelhos utilizam o termo Judeia em sentido restrito, como um nome geográfico, em oposição à Samaria e à Galileia (Mt 2,5; Lc 1,65; Jo 3,22). Em sentido mais amplo, o termo pode indicar o todo da terra de Israel (Lc 4,44; 7,17; At 10,37).

JUÍZES (em hebraico *shofetîm*, de *shafat* = "julgar", "governar"): Antes da instauração da monarquia eram tidos como líderes carismáticos suscitados por Deus para salvar Israel de uma situação de opressão (cf. Jz 2,6–3,6) e para, de algum modo, exercer o comando sobre o povo.

LÁGIDA: Dinastia que reinou no Egito entre 306 e 30 a.C., fundada pelo macedônio Ptolomeu I, filho de Lago, um dos generais de Alexandre Magno. A dinastia ocupou a Judeia até 198 a.C. Todos os soberanos homens se chamaram Ptolomeu; a rainha mais célebre foi Cleópatra, dela temos, inclusive, acontecimentos que se compaginam com Marco Antônio e Júlio César.

LXX → Setenta.

MACABEU (em hebraico *maqqabî* = "martelo"): Apelido de Judas, filho de Matias (1Mc 2,4). Por extensão, este foi o nome atribuído aos líderes da revolta iniciada por Matias e Judas, depois aos sete irmãos martirizados durante o reinado de Antíoco IV, conforme narrado em 2Mc, quando se tornou a dinastia reinante na Judeia a partir de 164 a.C. A família é igualmente conhecida com o nome de Asmoneia.

MADIÃ: Antepassado epônimo das tribos nômades situadas no Sul, de um extremo ao outro no Golfo de Ácaba. Apesar de alguns contatos em época mosaica (Ex 2,15.16-18), as relações serão de inimizade (Nm 25,6-18; 31,1-12), até a vitória de Gedeão (Jz 6,1–8,28).

[MARI]: Cidade da Mesopotâmia situada no Médio Eufrates (hoje Tell Hariri) onde foram encontrados numerosos arquivos cuneiformes que remontam ao século XVIII a.C.

MÉDIA, MÉDIOS: Região e população iraniana a nordeste da Babilônia. A Média tornou-se uma grande potência com o Rei Ciassarre (633-584 a.C.) que participou ativamente da queda do Império Assírio. Em 550 Astíages, o último rei medo, foi derrotado por Ciro que lhe sucedeu (Dn 14,1).

MESOPOTÂMIA (termo grego que significa "[região] entre dois rios"): Com este nome são designadas as regiões situadas entre o Tigre e o

Eufrates e ao longo destes dois rios, ainda que o Norte (Alta Mesopotâmia) e o Sul (Baixa Mesopotâmia) sejam muito diferentes tanto pela geografia quanto pelas populações que os habitam. Assírios e arameus povoaram o Norte, enquanto o Sul foi a região dos acádicos, dos babilônicos e dos caldeus.

MESSIAS (em hebraico *mashiach* = "ungido"): No Antigo Testamento o termo é aplicado antes de tudo ao rei (1Sm 16,1-14) depois aos sacerdotes consagrados com a unção (Ex 28,41). Por isso, indica uma pessoa "consagrada" e encarregada de uma missão particular. Para os cristãos, Jesus ressuscitado foi reconhecido como o Messias (em grego *Christos*, o Cristo) que cumpre as promessas de Israel.

[MISHNAH] (do hebraico *shanah* = "repetir"): A mais antiga reunião de tradições rabínicas redigida no início do século II d.C. pelo Rabino Yehuda ha-Nasi. A *Mishnah* divide-se em seis categorias, contendo 63 tratados, que codificam todas as normas relativas à oração, às festas, ao matrimônio, às leis civis e criminais, às ofertas do Templo e às leis de pureza. Para a tradição judaica, é o documento religioso mais importante depois da Bíblia e é a base do *Talmud*.

MONARQUIA: A monarquia inicia em Israel com Saul, rei das tribos do Norte, e em seguida com Davi, rei de todas as tribos por volta do ano 1000 a.C. Com a morte de Salomão, os dois reinos, de Israel (Norte) e Judá (Sul), tornam a separar-se. A época monárquica encerra-se com a tomada de Jerusalém pelos babilônicos em 587/586 a.C.

NABATEUS: Tribo de origem árabe que vivia da pecuária e do comércio no antigo território de Edom (1Mc 5,25; 2Mc 5,8). O seu aparecimento na história dá-se por volta de 312 a.C., mas desaparecem da cena política com a tomada do reino nabateu pelos romanos em 106 d.C.

NABUCODONOSOR (forma grega do hebraico *Nebukadnetzar*): Rei da Babilônia de 605 a 562 a.C. Em 605 a.C. derrotou o exército do Faraó Necao em Carquemis (cf. Jr 46,2) e apoderou-se da Síria. Em

597 a.C. assediou Jerusalém pela primeira vez e em 587 a.C., após a revolta do Rei Sedecias, conduziu um segundo ataque que se concluiu com a destruição da cidade e com o exílio para a Babilônia. Nas tradições posteriores, ele é apresentado como o inimigo por excelência do povo de Deus (cf. Dn 1–4 e Jd).

NAZARÉ: Povoado da Galileia não mencionado no AT, em Flávio Josefo e no *Talmud*. Lugar da residência de José, Maria e Jesus segundo Mt 2,23; Lc 2,39. É a "pátria" de Jesus segundo Mt 13,53-58 e paralelos.

NÍNIVE: Cidade situada à margem esquerda do Tigre, em frente à atual Mossul, capital da Assíria no reinado de Senaquerib (2Rs 19,36). Naum (1–3) anuncia a ruína de Nínive que ocorre em 612 a.C.

[NUZI]: Localidade da região de Kirkuk, destruída pelos assírios no século XIV a.C., na qual foram descobertas tabuletas cuneiformes que, para alguns, poderiam explicar certos costumes descritos nos relatos patriarcais.

ÓSTRACO (ou *ostrakon*, plural *ostraca*): Fragmentos de cerâmica utilizados para escrever documentos da vida cotidiana (cartas, recibos...) ou, mais raramente, textos religiosos.

OTAVIANO → Augusto.

[PALESTINA]: Termo geográfico que designa a região compreendida entre o Mediterrâneo e o Jordão. Linguisticamente "Palestina" deriva do nome da planície costeira outrora habitada pelos filisteus (em hebraico *pelèshet*, cf. Ex 15,14; Sl 83,8; Is 14,29). "Palestina" não é um termo bíblico; foi após a segunda revolta judaica contra Roma (132-135 d.C.) que o Imperador Adriano mudou o nome da *Provincia Judaea* para *Provincia Palaestina*, nome que foi adotado pelos sucessivos ocupantes da região (bizantinos, árabes, cruzados, otomanos), utilizado até a constituição do Estado de Israel em 1948 e ainda hoje para indicar o Estado Palestino.

PARTOS: Tribo iraniana que vivia ao sudeste do Mar Cáspio. O verdadeiro fundador do Império Parto foi Mitrídates I (171-138 a.C.). Os partos foram uma potente força política e militar com quem primeiro os selêucidas e depois os romanos deverão mais uma vez preocupar-se.

PATRIARCAS: Personagens bíblicos dos quais Gn 12–50 conserva a tradição (Abraão, Isaac, Jacó, José).

PENTATEUCO (em grego *ho pentateucos biblos* = "o livro em cinco rolos"): Com este termo são indicados os cinco primeiros livros da Bíblia (Gn, Ex, Lv, Nm, Dt), em hebraico chamados *Tôrah*.

[PEREIA] (do grego *peraia* = "[terra] para além [do Jordão]"): Nome helenístico do território da Transjordânia (cf. Mt 4,25; Mc 3,8; Jo 10,40).

PILATOS (*Pontius Pilatus*): Prefeito da Judeia (26-36 d.C.) no tempo de Tibério. Malvisto pelos judeus, foi chamado a Roma em 36/37, e depois disso não temos mais notícias suas. Interveio como juiz no processo contra Jesus (Mc 15 e par.).

[POVOS DO MAR]: Nas fontes egípcias este é o nome dado aos diversos povos que se instalaram nas ilhas e na costa oriental do Mediterrâneo entre os séculos XIII e XII a.C. A invasão dos povos do mar resultou ainda na instalação dos filisteus na costa da terra de Canaã.

PSEUDOEPIGRÁFICOS (livros): Termo grego que significa "escritos com um outro nome". Obras redigidas por autores que apresentam o seu próprio texto como tendo sido escrito por autores ilustres do passado: *Salmos de Salomão; Testamento de Moisés; Livro de Henoc*... A pseudografia é um procedimento também utilizado na Bíblia: os Salmos atribuídos a Davi, os Provérbios e o Cântico de Salomão, a Segunda Carta de Pedro...

QUMRAN: Localidade ao noroeste do Mar Morto, 15km ao sul de Jericó, próximo ao *Wadi Qumran*. Em 1947, no interior de 11 cavernas próximas, foram descobertos os assim chamados "manuscritos do Mar Morto", cerca de 600 textos datáveis do século III a.C. ao ano 70 da nossa era. As ruínas de uma instalação comunitária (*Khirbet Qumran*) foram escavadas depois da descoberta dos manuscritos e atribuídas a um grupo proveniente do movimento essênico.

[RAMSÉS]: Onze soberanos da XIX e XX dinastias egípcias (ca. 1300-1070 a.C.) tiveram o nome de Ramsés (Ram-sete). Ramsés II teve o reinado mais longo (ca. 1290-1224 a.C.). A Bíblia não menciona o faraó do êxodo, mas recorda o nome da capital egípcia, *Pi-Ramses*, o ponto de partida em direção à terra prometida (Ex 1,1; 12,37).

SÁBADO (em hebraico *shabbat*, do verbo *shabat* = "repousar", "cessar"): Sétimo dia da semana que a tradição judaica celebra como memorial do dia em que Deus "repousou" da obra da criação (Ex 20,8-11) e como recordação da saída do Egito (Dt 5,12-15).

SACERDOTAL: Termo que se refere às tradições escritas a partir do exílio babilônico por grupos de sacerdotes hebraicos deportados à Babilônia.

SADOCITAS: Membros das grandes famílias sacerdotais que tinham ligação com a linha ancestral de Sadoq, o sumo sacerdote que Salomão teria colocado como chefe do clero de Jerusalém (1Rs 2,26-27.35).

SADUCEUS: O nome deste partido religioso deriva provavelmente do sacerdote Sadoq e seus membros pertenciam às classes mais elevadas dos sacerdotes e a grupos de leigos mais abastados. Distinguem-se dos fariseus por suas crenças – em particular relativas à *Tôrah* e à ressurreição – e por seu posicionamento político (aceitavam colaborar com o poder dominante).

SAMARIA, SAMARITANOS: Capital do reino do Norte, fundada por Omri por volta de 800 a.C. (1Rs 16,23-24) e que deu seu nome a toda a região circunvizinha (2Rs 17,24). A cidade foi destruída várias vezes, uma das quais pelos assírios em 721. A destruição do santuário de Garizim (ca. 128 a.C.) e a tomada da Samaria por João Hircano I (ca. 107 a.C.) ratificaram ainda mais a ruptura entre judeus e samaritanos (cf. Lc 9,52-53; Jo 4,9). A cidade será expandida e embelezada por Herodes o Grande, que lhe dará o nome de Sebaste em honra ao Imperador Augusto.

[SELÊUCIDAS]: Dinastia helenística (313-64 a.C.) fundada pelo macedônico Seleuco I, que reinou na Síria depois da divisão do império de Alexandre. A Judeia esteve sob o comando dos selêucidas de 198 a 142 a.C.

SEMÍTICO: A partir do século XVIII, designa uma família de línguas (dentre as quais o semítico norte-ocidental que compreende o ugarítico, as línguas cananeias, o hebraico e o aramaico). O adjetivo designa ainda as populações que falavam estas línguas. Na Bíblia, o termo é ligado à figura de Sem, primogênito de Noé (Gn 10,1-31).

SETENTA: Versão grega da Bíblia Hebraica realizada entre 250 e 50 a.C. em Alexandria, que compreende livros escritos diretamente em grego. Fala-se da *Setenta* ou dos Setenta (sigla LXX).

SHEFELÁ (= "planície"): Região situada entre a montanha de Judá e a planície costeira do Mediterrâneo (Js 15,33-47).

SINAGOGA (do grego *syn-agôgué* = "reunião"; em hebraico *bet-knesset* = "lugar de reunião"): Lugar dedicado à oração, à leitura e ao estudo da Lei. Após a destruição do Templo em 70 d.C., a sinagoga se tornou a instituição central da vida judaica.

SINÉDRIO (do grego *synedrion* = "assembleia", "conselho"; de *syn* = "junto", e *hedra* = "cadeira, banco"): Principal instância jurídica, administrativa e religiosa do judaísmo na época grega e romana. O sinédrio parece remontar à "grande assembleia" (em hebraico *knesset ha-guedolah*) dos tempos de Esdras. Sob a presidência do sumo sacerdote, era composta por 70 ou 71 membros, alto clero e sábios fariseus, e tinha poderes legislativos, jurídicos e também políticos. Ainda que sua autoridade política tenha sido abolida depois de 70 d.C., o sinédrio continuou sendo a instância suprema do judaísmo, ao menos até inícios do século V.

SUMO SACERDOTE (em hebraico *hakkohém haggâdol* = "o grão sacerdote", em grego *arkihiereus*): Chefe supremo do sacerdócio hebraico. O título não existia antes do exílio e tornou-se de uso mais corrente apenas em período mais tardio (Ag 1,1; Zc 3,1; Eclo 50,1; 1Mc 10,20). Com o fim da monarquia, o sumo sacerdote passou a gozar de grande autoridade tanto religiosa quanto civil. No plural, a expressão indica os membros da aristocracia sacerdotal de Jerusalém, membros do sinédrio encarregados das finanças e da limpeza do Templo.

TALMUD (do hebraico *lamad* = "ensinar"): *Corpus* que compreende os comentários e as discussões dos sábios hebreus sobre a *Mishnah*. Na verdade, existem duas coleções, compostas entre os séculos IV e V d.C., muito diferentes entre si: o *Talmud de Jerusalém*, ou *Talmud Palestino* e o *Talmud da Babilônia*.

TARGUM (termo aramaico que significa "tradução" ou "interpretação"; plural: *targumîm*): Versão aramaica do texto hebraico da Bíblia para uso litúrgico ou pedagógico.

TELL: Colina artificial formada pelas ruínas sobrepostas de uma cidade antiga. Os estratos mais antigos são os que se encontram mais embaixo.

TETRARCA (do grego *tetrarques* = "aquele que governa um quarto [de uma região]"): Título dado na época romana aos governadores dos territórios variados, em oposição aos "etnarcas" que governavam sobre um único povo (*ethnos*) homogêneo. Roma concedeu este título a príncipes pouco importantes para serem chamados "reis" ou "etnarcas".

TIBÉRIO: Filho adotivo de Augusto, segundo imperador de Roma (14-37 d.C.). Durante seu reinado Jesus exerceu seu ministério (Lc 3,1).

TORÁ (do hebraico *yarah* = "instruir", "indicar uma direção"): Com este vocábulo faz-se referência antes de tudo à *Tôrah* escrita, a Lei constituída pelo conjunto das revelações divinas contidas nos cinco livros de Moisés (Gn, Ex, Lv, Nm e Dt – em grego, Pentateuco), completados pelos Profetas e pelos Escritos. Em sentido mais amplo, compreende-se a *Tôrah* oral, também esta colocada por escrito na *Mishnah*, no *Talmud* etc., ou seja, o conjunto das interpretações da *Tôrah* escrita.

TRANSEUFRATÊNIA: Nome da Satrapia ("província") do Império Persa (Esd 4,10-20; 7,5; Ne 2,9) e selêucida (1Mc 7,8) que compreendia uma vasta região "do outro lado" do Eufrates (do ponto de vista persa), que se estende do Eufrates ao Egito.

[UGARIT]: Cidade da costa fenícia, que teve suas ruínas escavadas em 1929 (atual *Shamra*). As tabuletas cuneiformes descobertas em Ugarit são um precioso testemunho da cultura cananeia e da situação política nos séculos XIII e XII a.C.

UR: Cidade da Mesopotâmia Meridional, na margem Oeste do Eufrates, principal centro de culto ao deus lunar Sin. Pátria da família de Abraão segundo Gn 11,28, baseado em tradições que não devem ser anteriores ao século IV a.C.

WADI/UADI: Curso de água sazonal, típico das regiões áridas do Oriente Médio.

ZELOTES: (do grego *zelotes* = "pleno de zelo"): Termo com o qual Flávio Josefo indica uma das quatro "filosofias" do judaísmo de seu tempo. Mesmo partilhando o ponto de vista dos fariseus, os zelotes se caracterizam por um nacionalismo militante. Não parece que antes da revolta de 66 d.C. existisse propriamente um verdadeiro partido organizado, mesmo que o movimento dos zelotes possa ser relacionado à revolta de Judas de Gamala em 6 d.C.

BREVE BIBLIOGRAFIA COMENTADA

A bibliografia que segue é, sem dúvida, muito parcial; limito-me a indicar as principais histórias de Israel, além de obras mais importantes que podem ser úteis para aprofundar alguns dos aspectos tratados (à exceção de textos já citados em notas específicas). O primeiro critério considerado é que se tratam, com raras exceções, de obras disponíveis em italiano. Em segundo lugar, foram contempladas, além das obras clássicas, algumas histórias de Israel de caráter mais popular. A bibliografia é munida de breves notas orientativas; com * foram sinalizados textos de caráter popular, com ** textos de nível médio e com *** obras de caráter altamente científico.

I. Histórias de Israel (em ordem cronológica)

** RICCIOTTI, G. *Storia di Israele*. Turim: SEI, 1932. 2 v.

Um texto que foi bastante apreciado por muito tempo. É quase uma paráfrase do texto bíblico, arquiteta materiais e fontes extrabíblicas então disponíveis. Republicada pela SEI: Turim, 1997, aos cuidados de P. Sacchi e C. Erba.

** NOTH, M. *Storia di Israele*. Bréscia: Paideia, 1975 (2. ed. alemã: 1954).

Trata-se de uma obra importante, densa, mesmo que, em partes, já superada.

** DE VAUX, R. *Histoire ancienne d'Israel*. Vol. 1. Paris, 1971.

O segundo volume, relativo ao tempo dos judeus, é uma publicação póstuma. Um outro clássico, obra monumental que não pode ser ignorada; chega apenas ao tempo dos judeus.

** HERMANN, S. *Storia di Israele*: I tempi dell'Antico Testamento. Bréscia: Queriniana, 1977 (2. ed. orig. alemã: 1980).
Mesmo apresentando elementos originais, baseia-se essencialmente sobre as duas obras precedentes de Noth e De Vaux.

** CAZELLES, H. *Storia politica di Israele*: dalle origini ad Alessandro Magno. Roma: Borla, 1985 (orig. franc.: 1982).
Ocupa-se, sobretudo, como indica o subtítulo, do aspecto político. Um texto de dimensões satisfatórias, acessível até mesmo para um público não especializado.

* METZGER, M. *Breve storia di Israele*. 2. ed. Bréscia: Queriniana, 1987 (6. ed. alemã: 1983).
Um breve compêndio para uso escolar, de tipo basicamente tradicional. Parte do texto bíblico lançando mão de fontes extrabíblicas quando possível.

* CASTEL, F. *Storia di Israele e di Giuda dalle origini al II sec. d.C.* 3. ed. Cinisello Balsamo: San Paolo, 1987 (ed. orig. franc.: 1983).
Modelo tradicional, texto muito simples que se harmoniza com o texto bíblico.

* LEMAIRE, A. *Storia del popolo ebraico*. Bréscia: Queriniana, 1989. (2. ed. orig. franc.: 1985).
Simples, mas um compêndio suficientemente completo para uso por um público não especializado.

*** SAULNIER, C. & PERROT, C. *Storia d'Israele*: Dalla conquista di Alessandro alla distruzione del tempio (331 a.C.-135 d.C.) Roma: Borla, 1988. 3 vol. (orig. franc.: 1985).
Texto de excelente nível científico.

*** MILLER, J.M. & HAYES, J.H. *A History of Ancient Israel and Judah*. Londres, 1986.
Obra de grande valor científico, atenta às descobertas mais recentes, indispensável ponto de referência para a pesquisa de suas informações.

*** SCHÜRER, E.; VERMES, G.; MILLAR, F. & BLACK, M. *Storia del popolo giudaico al tempo di Gesù Cristo*. 2 vol. Bréscia: Paideia, 1985-1987.

Trata-se de uma reedição completamente renovada, ampliada e atualizada das precedentes *Histórias* compostas pelo próprio Schürer no início do século XX (3. ed. alemã 1901-1909). O texto italiano traduziu a edição inglesa de 1973-1979: trata-se da obra mais completa e exaustiva sobre este período, obra que não pode ser ignorada.

*** SACHI, P. *Storia del secondo tempio*: Israele tra VI secolo a.C. e I secolo d.C. Turim: SEI, 1994.
Texto muito importante e profundamente inovador para o estudo da história e sobretudo do pensamento do judaísmo pós-exílico.

** FINKELSTEIN, I. & SILBERMAN, N.A. *Le tracce di Mosè*: La Bibbia tra storia e mito. Roma: Carocci, 2002 (orig. ingl.: 2001).
Obra popular, atenta aos dados arqueológicos, mas excessivamente crítica.

*** SOGGIN, J.A. *Storia di Israele*. 2. ed. Bréscia: Paideia, 2002.
Obra muito completa, mais sintética no que tange à época romana, rica em dados, mais crítica em comparação aos textos clássicos de Noth e De Vaux. Talvez a melhor história de Israel composta em italiano depois de Ricciotti.

*** LIVERANI, M. *Oltre la Bibbia*: Storia antica di Israele. Bari: Laterza, 2003.
Obra fundamental e rica em informação de um célebre orientalista italiano, mesmo que excessivamente crítica.

II. Outros textos úteis (em ordem alfabética)

** AHARONI, Y. & AVI YONAH, M. *Atlante della Bibbia*. Casale Monferrato: Piemme, 1987.
Instrumento útil que auxilia muito o estudo da história de Israel.

** BARUCQ, A.; CACQUOT, A.; DURAND, J.M.; LEMAIRE, A. & MASSON, E. *Scritti dell'Antico Vicino Oriente e fonti bibliche*. Roma: Borla, 1988.
Boa introdução aos textos extrabíblicos que interessam ao Antigo Testamento.

** BASLEZ, M. *Bibbia e storia*. Bréscia: Paideia, 2002 (orig. franc.: 1998).
Excelente apresentação histórica dos eventos e do ambiente cultural do mundo judaico próximo à era cristã.

** CIMOSA, M. *L'ambiente storico-culturale delle Scritture ebraiche*. Bolonha: EDB, 2000.
Boa antologia de textos extrabíblicos úteis para acompanhar o estudo da história de Israel.

** DE VAUX, R. *Istituzioni dell'Antico Testamento*. 3. ed. Casale Monferrato, 1977 (orig. franc.: 1958-1961).
Obra já superada em alguns aspectos, mas muito útil para conhecer os costumes e usos do povo de Israel nos tempos do Antigo Testamento.

* GALBIATI, E.R. & ALLETTI, A. *Atlante storico della Bibbia e dell'antico oriente*: Dalla preistoria alla caduta di Gerusalemme nell'anno 70 d.C. Milão: Massimo, 1983.
Subsídio útil para o estudo da história de Israel.

*** GARBINI, G. *Storia e ideologia nell'Israele antico*. Bréscia: Paideia, 1986.
Um livro difícil e discutível sob muitos aspectos, que coloca em discussão, por vezes até dramática, boa parte da visão tradicional da história de Israel.

** HENGEL, M. *Giudaismo ed ellenismo*: Studi sul loro incontro, con particolare riguardo per la Palestina, fino al II sec. a.C. Bréscia: Paideia, 2001 (3. ed. alemã: 1988).
Estudo fundamental do qual existe uma síntese mais acessível: ** *Ebrei, Greci, Barbari*. Bréscia: Paideia, 1982 (orig. alemão, 1976). Cf. do mesmo autor: ** *L'"ellenizzazione" della Giudea nel I secolo d.C.* Bréscia: Paideia, 1993 (orig. alemão: 1991).

** *L'Antico Testamento e le culture del tempo*. Roma: Borla, 1990.
Pequena e útil antologia de textos escolhidos do mundo extrabíblico.

** LOHSE, E. *L'ambiente del Nuovo Testamento*. Bréscia: Paideia, 1980 (3. ed. alemã: 1977).
Importante obra para o estudo do período histórico-cultural judaico e romano-helênico nos tempos do Novo Testamento.

** MOMIGLIANO, A. *Saggezza straniera:* L'ellenismo e le altre culture. Turim: Einaudi, 1980.
Trata-se de uma série de conferências proferidas em Cambridge em 1973-1974 pelo grande historiador italiano, duas das quais se debruçam sobre a

relação entre o mundo judaico e o mundo grego, focalizando com bastante perspicácia os problemas essenciais.

** PENNA, R. *L'ambiente storico-culturale delle origini cristiane*: una documentazione ragionata. Bolonha: EDB, 1984 (5. ed. 2006).
Ótima coleção de textos e documentos originais da época, que pode complementar muito bem o livro de Lohse.

*** PRATO, G.L. *Identità e memoria nell'Israele antico*: Storiografia de confronto culturale negli scritti biblici e giudaici. Bréscia: Paideia, 2010.
Importante coleção de ensaios que contextualizam a historiografia de Israel na historiografia grega e oriental.

* ROAF, M. *Atlante della Mesopotamia e dell'Antico Vicino Oriente*. Novara: De Agostini, 1992.
Um subsídio prático útil para o conhecimento do Oriente Médio.

* SEGALLA, G. *Panorama storico del Nuovo Testamento*. Bréscia: Queriniana, 1984.
Breve apresentação do mundo romano e judaico no qual nasceu a Igreja primitiva.

* SKA, J.L. *La Parola di Dio nei racconti degli uomini*. Assis: Cittadella, 2003 (ed. franc.: 2001).
Ótima e muito simples introdução ao problema da historicidade dos relatos bíblicos: recomendado.

** SOGGIN, J.A. *Israele in epoca biblica*: istituzioni, feste, cerimonie, rituali. Turim: Claudiana, 2000.
Uma boa apresentação, um pouco sintética, dos usos políticos e religiosos do Israel bíblico.

Índice